俄语专业学习指南

俄罗斯文学问答

主　编　郑体武
编　著　沈　尧　张　煦

上海外语教育出版社
外教社 SHANGHAI FOREIGN LANGUAGE EDUCATION PRESS

图书在版编目（CIP）数据

俄罗斯文学问答 / 郑体武主编. – 上海：上海外语教育出版社, 2014 (2024重印)
（俄语专业学习指南）
ISBN 978-7-5446-3796-1

Ⅰ.①俄… Ⅱ.①郑… Ⅲ.①俄语－高等学校－教学参考资料 ②俄罗斯文学－问题解答 Ⅳ.①H35

中国版本图书馆CIP数据核字（2014）第171382号

出版发行：上海外语教育出版社
（上海外国语大学内） 邮编：200083
电　　话：021-65425300（总机）
电子邮箱：bookinfo@sflep.com.cn
网　　址：http://www.sflep.com
责任编辑：岳永红

印　　刷：苏州市古得堡数码印刷有限公司
开　　本：890×1240 1/32 印张 7 字数 160 千字
版　　次：2014 年 11 月第 1 版 2024 年 3 月第 3次印刷

书　　号：ISBN 978-7-5446-3796-1 / I・0277
定　　价：18.00 元

前 言

俄罗斯文学是高校俄语专业课程体系中一个不可或缺的重要组成部分，学习俄罗斯文学不但有助于深入了解对象国，提高语言技能，也有助于开阔视野、陶冶情操、培养审美能力和思辨能力。为了便于学生有重点地学习本科阶段所应掌握的俄罗斯文学知识，我们在早前出版的教科书(《俄罗斯文学史》，郑体武主编，上海外语教育出版社，2008；《俄罗斯文学选读》，郑体武编，上海外语教育出版社，2006)之外，又编写了这本《俄罗斯文学问答》，作为学生课外学习的辅助材料。

《俄罗斯文学问答》设计了95个问题，内容主要围绕俄罗斯文学史各个发展阶段的重要文学现象、经典作家作品，应该说都是俄语专业本科阶段必须掌握的俄罗斯文学基础知识。应该说明和强调的是，这本辅助材料只是作为辅助参考之用，学生切不可舍本逐末、主次颠倒，用它来代替教材，更不能代替原著。另外要注意的是，学生在使用时，对书中所作的解答，不应该视作完美无缺的标准答案，而只应看成是分析和思考问题的某种提示和线索。

对书中存在的缺点和不足之处，恳请读者和专家批评指正。

郑体武

2014 年 10 月

目 录

一、古代部分

1. 古俄罗斯文学的分期及体裁特征是怎样的?

俄罗斯文学已有近千年历史。古罗斯文学(又称中世纪俄罗斯文学)是指11—17世纪的俄罗斯文学,它为18—20世纪的俄罗斯文学打下坚实基础。古罗斯文学是对生活的见证,文学进程的改变大体上与历史变革相吻合,所以是历史本身将文学阶段化。

古罗斯文学的第一阶段是11—12世纪初,这个时期的文学相对统一,主要在两个文化中心发展,即南部的基辅和北部的诺夫哥罗德,所以文学史上也将这一阶段称作统一的古罗斯基辅-诺夫哥罗德公国时代。这个时期诞生了许多古罗斯文学之最:第一个基辅都主教伊拉里昂的著作《律法与神恩讲话》(Слово о Законе и Благодати)、最早的俄罗斯编年史《古史纪年》(Повесть временных лет)、最早的俄罗斯人物传记《鲍里斯和格列勃》(Сказание о Борисе и Глебе)。第二阶段是12世纪中期至13世纪前30年,这是封建割据开始的时期,产生了许多新的文学中心——弗拉基米尔扎列斯基、苏兹达利、罗斯托夫、斯摩棱斯克、弗拉基米尔沃伦斯基。此阶段的文学富有许多地方特点和地方主题,体裁开始多样化,出现政论性和迫切性色彩。这一阶段最著名的作品有《伊戈尔远征记》(Слово о полку Игореве)。以上两个阶段的文学都以宏大的历史体裁为主导,两阶段的文学在许多方面都很相似,所以11世纪至13世纪前30年的文学也可看作一个整体——统一的基辅罗斯文学。

随着蒙古鞑靼人的入侵,古罗斯文学也进入相对短暂的蒙古鞑靼入侵阶段。这一阶段文学主题变得单一,产生了关于蒙古鞑靼军队侵占罗斯、弗拉基米尔扎列斯基沦陷的故事,也诞生了

《亚历山大·涅夫斯基传》(Житие Александра Невского)、《罗斯国的灭亡》(Слово о погибели Русской земли)等经典作品。这一阶段的作品表现出强烈的悲剧抒情色彩和高涨的爱国热情。

下一阶段是14世纪末至15世纪前半期,是古罗斯文学的复兴前阶段(век Предвозрождения)。1380年库利科沃战役之后,罗斯国的经济和文化进入复兴阶段,文学也处于复兴前夜。此阶段的文学作品风格更趋感情化,爱国热情继续上升,编年史、历史故事、使徒行传的编撰得到恢复。

15世纪下半期的俄罗斯文学中又出现新现象:小说(故事)文学开始流行,出现了《德拉库拉的故事》(Повесть о Дракуле),《巴萨尔格的故事》(Повесть о Басарге)等新颖的经典作品。1453年,君士坦丁堡沦陷,与俄罗斯文化联系最紧密的拜占庭帝国灭亡,而此时欧洲文艺复兴的雨露未能润泽俄罗斯大地,这就造成俄罗斯文化的与世隔绝。这一阶段,统一的俄罗斯中央集权国家的思想在文化领域占主导地位,各地方的文学融合成统一的俄罗斯文学。国家内政与社会改革是作家主要关注的问题。从16世纪中期开始,文学变得更加官方化,文学的传统形式又开始占主流,小说文学等个体性鲜明的文学形式受到打压,文学的小说性、趣味性有所淡化。

17世纪是古罗斯文学向新时期文学过渡的阶段,文学的个性意识全面觉醒,这不仅体现在作家的结构,也反映在他们的文学创作中,出现了专职作家,他们在作品中敢于表达个人情感与想法,作品呈现出不同的风格与品味。文学中个性的发展促生了音节诗,剧院演出也逐渐常态化,这一切都为18世纪的俄国古典文学的诞生创造了条件。

一般认为，10—13世纪古罗斯文学体裁是从拜占庭和保加利亚引进的。当时的“体裁”和现代文学意义上的“体裁”不是同一概念，后者是根据文学内部规律和文学自身发展要求形成的，而前者则是根据文本用途来划分的，这一点对于理解古罗斯文学的体裁划分至关重要。古罗斯文学体裁按用途可分为教会（церковные）和世俗（светские）两类，二者都与基督教的书面传统紧密相连。宗教活动要求根据礼拜仪式不同阶段创造与之相适应的体裁，这样就诞生了不同的礼拜福音书（служебные евангелия）、教会赞美诗（церковные песнопения）、箴言录（паремейники）、使徒书信（апостольские послания），甚至修道院单间居室里（区别于教堂做礼拜时）的读物（келейное чтение）也有自己的体裁。不过宗教文学中最普遍的两种体裁就是《圣经》与其详解类的文本以及圣徒传。前者指《新约》、《旧约》以及教会长老对圣经各书的详解说明，后者指记载圣徒出生、功绩和死亡的故事，著名的使徒传有《神的人，阿列克谢传记》（Житие Алексея, Человека Божия），《圣谢尔盖·拉多涅夫斯基传》（Житие преподобного Сергия Радоневжского）。

古罗斯世俗文学与民间口头创作紧密相连，但未摆脱宗教文学影响。按用途讲，它属于世俗文学，但它的内容却仍与宗教有关，所以俄罗斯著名学者利哈乔夫（Д. С. Лихачёв）认为，古罗斯世俗文学中的“世俗”应加引号。古罗斯世俗文学包括战争叙事文（воинские повести），通常是关于大公战功和重要战事的故事，如《伊戈尔远征记》、《罗斯国的灭亡》；还有以劝诫性言语或谈话为主的训诫书，著名的有伊拉里昂的《律法与神恩讲话》、莫诺马赫的《训诫书》（Поучение Мономаха）；编年史也是古罗斯世俗文学的重要体裁，它是按照年份记载的史书，最早最著名的编年史是《古史纪年》。

还有一些体裁处在宗教文学与世俗文学的过渡地带，主要包括大公传记（княжеские жития）与游记（хождение）。前者是古罗斯文学独创的体裁，它通过对大公传奇生平的介绍和丰功伟绩的颂扬来提升公国政治威信，代表作有《亚历山大·涅夫斯基传》（Житие Александра Невского）、《彼得与费弗罗尼亚传》（Житие о Петре и Февронии）；后者主要反映修士朝圣，也对基辅与雅典的修道院、君士坦丁堡的教堂以及耶路撒冷是修士的主要朝觐地进行描写，古罗斯文学最早的游记是《罗斯国修道院长丹尼尔的传记与游记》（Житие и хождение игумена Данилла из Русской земли）。

古罗斯文学的每种体裁都有其固定结构和明确目的。随着时代和社会的发展，古罗斯文学的体裁也逐渐发生改变。宗教文体发生变体，世俗文体变得小说化，作品开始关注人的内心世界，出现了日常生活场景的描写，人物和情节也开始虚构，在 17 世纪更出现了音节诗、戏剧、日常生活小说等新文体。直到 18 世纪俄罗斯文学的体裁才发展成熟并定型。

2.《律法与神恩讲话》的思想内容有哪些?

《律法与神恩讲话》是俄罗斯第一部文学作品，创作于 1037—1050 年间，其作者伊拉里昂（Иларион）是罗斯国第一位基辅人都主教。作品分三部分，形式独立，思想统一。

伊拉里昂在《律法与神恩讲话》的开篇阐释新旧约的关系：旧约代表了律法，这仅是犹太民族，亦即犹太教的律法。因为按照中世纪理论，上帝只有一个选民——犹太民族；新约代表了神恩，即基督教，它是惠泽所有信奉基督教的民族的神恩，所有民族都能成为上帝的选民，其中包括俄罗斯民族。他认为，新旧约是对立矛盾的。旧约是属于犹太人的，它代表过去，是暂时性的、有局限性的；新约带来了自由，所有民族都能平等地与上帝交流，它能将所有民族带入永生。世界历史，在伊拉里昂看来，就是基督教在世界各民族传播的历史，其中也包括俄罗斯民族的历史。由此可见，基督教是全世界的，也是俄罗斯民族的。伊拉里昂顺理成章地转入到下一个话题——基督教在俄罗斯土地上的传播。"对神恩的信仰在全世界建立起来，它也传到我们俄语世界"，"现在我们与所有基督徒一起赞美神圣的三位一体"。罗斯和所有国家一样享有平等权利，不需任何人的监管，"上帝原谅了我们国家，他不歧视我们，我们在真理的理智中得到拯救"。伊拉里昂高呼，未来属于俄罗斯民族，伟大的历史使命也属于俄罗斯民族。

如果说《律法与神恩讲话》的第一部分讲述了基督教的全人类性、第二部分论述了俄罗斯的基督教，那么，它的最后一部分则主要是对弗拉基米尔大公的赞颂。伊拉里昂说，按照中世纪的理论，每个民族都应该赞颂自己的宗教启蒙人，这个启蒙人是基督的使徒。如果俄罗斯要赞美自己的宗教启蒙人，那这个对象就是弗拉基米尔大公。伊拉里昂将弗拉基米尔大公封为圣徒，将其功勋一一罗列：他皈依基督教，用不断施舍和奉献的方式洗清罪孽，他使罗斯受洗，其功劳堪比拜占庭的康斯坦丁大帝。随后他又歌颂雅罗斯拉夫大公的丰功伟绩。至此，伊拉里昂在《律法与神恩讲话》中的爱国热情的抒发达到了顶峰。

纵观《律法与神恩讲话》的三部分，许多学者认为伊拉里昂的重点是关于新旧约关系的神学说教，实际不然，其新旧约传统矛盾的阐释是为罗斯历史使命做铺垫 。作者首先将犹太人的“律法”扩展到属于世界所有民族的“神恩”,又从基督教的全人类性缩小到俄罗斯人的基督教和历史。换言之,伊拉里昂巧妙且有逻辑地将罗斯历史和罗斯受洗描写成世界历史发展的结果,随着论题不断缩小,基督教在俄罗斯的传播和俄罗斯民族的历史发展愈发凸显,他的爱国激情也不断高涨。伊拉里昂通过论证旧约(律法)与新约(神恩)的关系,将俄罗斯历史融入了世界历史,为俄罗斯民族明确了世界定位。伊拉里昂“世界历史”理论的重点是为了说明俄罗斯民族也是上帝的选民,成为上帝的选民后,俄罗斯民族的历史使命也随之诞生了。对于弗拉基米尔大公和雅罗斯拉夫大公的称颂实质是明确俄罗斯民族的使命。

《律法与神恩讲话》具有高超的艺术技巧,是中世纪俄国广为流传的一部作品,对古罗斯时期的作家影响深远。其中提到的许多概念,如“神圣罗斯”、“真理”、“善”、“爱”“良心”等构成了俄国文学的基本主题,也成为整个俄罗斯文化和思想的主要组成部分。

3.《古史纪年》的文学意义何在?

《古史纪年》(又译《往年纪事》)成书于1113年左右,作者是基辅洞窟修道院僧侣涅斯托尔(Нестор)。它按历史时间顺序逐年记述了852—1110年间古俄罗斯发生过的诸多重大历史事件,着重叙述留里克称王和奥列格建国以后的古罗斯历史,并将古罗斯历史同世界史及斯拉夫史联系起来。《古史纪年》的编纂阶段正值基辅罗斯遭遇波洛韦茨人最猛烈攻击的时段,俄罗斯大地的爱国主义思想、俄罗斯的政治独立性和宗教自主性一直主导着

《古史纪年》编纂者的思想。

涅斯托尔在开篇写道:“这是对往年历史的记载,记述罗斯民族从何而来,谁是基辅的开国大公,以及罗斯国如何形成。”涅斯托尔将俄罗斯民族的历史起源追溯到“大洪水”以后,将雅弗确立为自己的祖先,说明俄罗斯民族也是上帝的子民。另一方面,雅弗又是希腊人、罗曼人的祖先,这样就顺理成章地把俄罗斯人归到欧洲大家庭,从根源上确立了俄罗斯民族的身份。当然,这些都是以神话和传说形式记载的历史。俄罗斯国家有确凿年份的历史始于“罗马税纪 15 年(852 年),拜占庭国皇帝米哈伊尔三世开始执政,从此年开始才有罗斯国(Русская земля)这个名称”。852 年,“罗斯”作为一个国家概念出现。至此,涅斯托尔将俄罗斯民族起源和国家起源都作出详细解释,证明俄罗斯不是无本之木、无源之水,于是“谁是俄罗斯人”、“俄罗斯人从哪里来”、“罗斯国是如何形成的”等问题便有了答案。民族和国家身份的确定为俄罗斯人提供了归属感,使这片土地上的一切都打上俄罗斯烙印。《古史纪年》表达了俄罗斯渴望获得民族与国家独立性,即去拜占庭化的强烈愿望。

《古史纪年》充满浓厚的宗教及民间文学色彩,奠定了俄国民族文学的基础。巫师对奥列格大公之死的预言、奥莉加(Ольга)为夫报仇、佩彻涅格人攻打别尔哥罗德等故事都充满多神教的神秘性。罗斯受洗后,基督教意识形态在《古史纪年》叙事手法中的地位愈发突出,圣经传说以其子题故事成为《古史纪年》的主要题材,如创世纪、诺亚方舟的故事、出埃及记等,还有老人马特维(Матвей)识破骑在猪身上的魔鬼以及魔鬼对修道院众多修士的引诱和欺骗等故事。对上帝的赞颂是《古史纪年》后半部的主题。作者认为,罗斯国在战争中的胜利受上帝所赐,大公在危难中绝地逢生也是上帝保佑，罗斯国出征失利则是上帝的惩罚，对上帝的歌颂在《训诫书》中达到高潮。由此可见，俄国文学深厚的宗教性也发轫于此。

《古史纪年》在古罗斯编年史发展中发挥了重要作用，它整合了诺夫哥罗德、特维尔、普斯科夫以及莫斯科公国等不同地区和时期的编年史，创造出东斯拉夫民族统一的编年史。《古史纪年》是18—19世纪俄国文学的诗学形象和情节的源泉。苏马罗科夫（А. П. Сумароков）在创作自己的古典主义悲剧时，并没有借用希腊神话情节，而是从本民族编年史的历史事件中寻求灵感。剧作家克尼亚日宁（Я. Б. Княжнин）的悲剧《诺夫哥罗德的瓦吉姆》（Вадим Новгородский）则直接取材于编年史。

《古史纪年》塑造了大量英勇智慧的罗斯大公形象。如“907年，奥列格亲征希腊获胜，希腊人开始向罗斯进贡……941年，伊戈尔（Игорь）大公再次进攻希腊；981年，弗拉基米尔（Владимир）进攻利亚赫人，攻占佩列梅什利、切尔文及其他城市”等。作者还通过战争刻画了罗斯王公和将士大无畏的英雄主义精神，国家的荣誉在他们看来高于一切。书中记载了斯维亚托斯拉夫（Святослав）带领一万罗斯士兵大败十万希腊大军的伟绩，也歌颂了维沙塔（Вышата）将军与士兵同存亡，虽败犹荣的历史事件。在雷列耶夫（К. Ф. Рылеев）的浪漫主义诗歌《沉思》（Думы）中，这些大公形象又化身为自由精神的代言人。普希金生前对《古史纪年》颇有研究，编年史的诗意性在他的《有预见的奥列格之歌》（Песнь о вещем Олеге）中得到传承，编年史的思想形象和语言特色在《鲍里斯·戈都诺夫》中有着很深的印迹。

《古史纪年》是一部充满爱国主义激情的著作，作者用尽历史叙述的各种手段，说服罗斯各大公停止兄弟间内讧，提出大公兄弟友爱的思想，号召保持国家和民族的独立性。时至今日，《古史纪年》丝毫没有失去它的文学、历史认知和教育意义。

4.《伊戈尔远征记》的文学史地位和艺术价值在哪里？

《伊戈尔远征记》是俄国古代文学中最优秀的作品，被称为爱国主义的英雄史诗。论艺术成就，可与欧洲中世纪的《罗兰之歌》、《熙德之歌》、《尼伯龙根之歌》相媲美。它是古罗斯手稿收藏家穆欣-普希金（Мусин-Пушкин）在18世纪末发现的，于1800年正式用现代俄语出版。它的作者身份至今未解，具体创作时间也无法确定，学界普遍认为该书形成于1185—1187年间。

《伊戈尔远征记》是以真实历史事件为基础创作的。11世纪下半期起，草原游牧民族（波洛维茨人）开始不断侵扰基辅公国的东南部。1184年，基辅大公斯维亚特斯拉夫（Святослав）与罗斯南部的几位大公结盟，征讨波洛维茨人，结果大败之，罗斯大公们深受鼓舞。这次讨伐本应有诺夫哥罗德-谢韦尔斯基大公伊戈尔参加，但受冰冻影响，他未能及时率部加入盟军。出于对成功与荣誉的渴望，伊戈尔大公于次年单独发起对波洛维茨人的讨伐，当部队进入波洛维茨草原深处时，天空惊现日蚀，但伊戈尔大公对这种不祥征兆毫不在意，继续向前行进。俄军在与波洛维茨人的首次交战中获胜，第二次交战中因寡不敌众败下阵势，决战时几乎全军覆没，伊戈尔大公被俘。后来伊戈尔在“上帝的指引下”成功出逃，回到罗斯后受到人民的拥戴和赞颂。《伊戈尔远征记》的作品情节很简单，主人公伊戈尔也只是众多罗斯大公中很平凡的一位，但作者通过作品道出了远征失败给罗斯国带来沉痛后果，以艺术的手法勾勒出12世纪末罗斯国的政治状况。伊戈尔的失败引起这位爱国诗人的深思：在伊戈尔再战受困时，作者替伊戈尔，乃至所有的罗斯大公追忆过去，叹息“特洛扬（Троян）的时代过去了，雅罗斯拉夫（Ярослав）的岁月一去不返，奥列格·斯维亚托斯拉维奇（Олег Святославович）的武功烟消云散”。他还谴责奥列格挑起内讧，导致罗斯国内同室操戈，尸横遍地。伊戈尔决战失利后，作者反思公爵们为了私利反目成仇，甚至不惜引狼入室去消灭自己的手足兄弟。在万般无奈的叹息中，作者又转向呼唤四面八方的大公，寻求支持：他号召东北的苏兹达尔公不要拥兵自重，呼吁基辅附近的诸侯“跨上金镫，投身战斗”；向加利奇公和波洛茨克发出呼喊，“为罗斯大地，为伊戈尔大公报金创之仇”；呼吁西方的沃伦公“重新披挂出征，再立功勋”。至此，《伊戈尔远征记》的情节达到高潮。作者并未详细叙述出征过程，只是选择性地描述了最能表现作者态度的历史片段，这样也突出了作品的主题——号召罗斯大公停止内讧，统一联合起来抗击外敌，保卫罗斯领土的完整。

政治迫切性和高度艺术的民间表达形式使《伊戈尔远征记》在以后的几个世纪里经久不衰。它是古罗斯文学中的翘楚之作，对后来俄罗斯文学的发展影响深远。18世纪末，刚刚重见天日的《伊戈尔远征记》给拉季舍夫带来灵感，使其写成《以古斯拉夫神灵之名而吟的竞赛歌》（Песни, петые на состязаниях в честь древним славянским божествам）。《伊戈尔远征记》的诗学形象被许多19世纪的俄国诗人和作家所吸收和继承。特别值得一提的是，“古罗斯弹唱诗人”，“古时的夜莺”——博扬（Боян）开创了俄罗斯文学中“歌颂英雄事迹”的先河，这一形象颇受后来浪漫主义诗人追捧。《伊戈尔远征记》中的许多片段在普希金、莱蒙托夫和果戈理的作品中都有新的演绎。普希金能将《伊戈尔远征记》倒背如流，直到生前的最后一段时间还在为《伊戈尔远征记》作注释，并着手创作《伊戈尔远征之歌》（Песнь о полку Игореве）。20 世纪的作家阿·托尔斯泰在创作《苦难历程》（Хождение по мукам）三部曲时，选取《伊戈尔远征记》中的一句话“О Русская земля！”作为《姐妹》的卷首词。

《伊戈尔远征记》不仅对俄罗斯文学影响深远，而且在俄罗斯音乐与绘画中也留下了痕迹：鲍罗丁（А. П. Бородин）和瓦斯涅佐夫（В. Ф. Васнецов）以《伊戈尔远征记》为蓝本，分别创作了享誉世界的歌剧《伊戈尔大公》（Князь Игорь）和油画《伊戈尔与波洛维茨人激战之后》（После побоища Игоря Святославича с половцами）。苏联作家安多柯尔斯基（П. Г. Антокольский）说，《伊戈尔远征记》是永不枯萎的大树，它将满缀果实的枝干带入未来。所以我们能直接或间接地听到《伊戈尔远征记》隐约的回响，在许多文化艺术作品中感觉到它的存在。倘若将普希金比作俄罗斯文学的万源之源，那么，将《伊戈尔远征记》比作俄罗斯文化的万源之源则毫不为过。

二、18 世纪

5. 俄罗斯古典主义文学有哪些特点？

古典主义是17世纪欧洲文学的主要思潮。它形成并繁荣于法国，随后席卷整个欧洲。古典主义崇尚理性，认为理性是文学创作最主要的美学标准，要求克制人的感情；主张文学为政治服务，维护国家统一，歌颂英明君主。古典主义有严格的艺术规范和标准。它将文学体裁划为三个等级：高级体裁，以国家哲学问题为题材，它包含史诗、颂诗以及庄重的演说词；中级体裁，写共同思想与追求个人幸福之间的冲突，包括悲剧、“高雅”抒情诗的各种形式，如田园牧歌；低级体裁，叙述具体生活故事，包括日常生活长篇小说、寓言及滑稽讽刺诗。古典主义还要求戏剧创作遵循“三一律”，即故事剧情单一，并在一天内同一地点完成；人物塑造类型化，突出人物的某一特征，将人物明确划为正反两派；艺术形象缺乏动态感，塑造形象时偏好将具体东西抽象化；从古希腊罗马文学中汲取艺术形式和题材；主张语言准确、精炼、华丽、典雅，表现出较多的宫廷趣味。

俄罗斯古典主义（русская литература классицизма）产生于18世纪三四十年代，比欧洲晚了近一个世纪。它除了具备以上欧洲古典主义的特性外，还拥有自己独特之处——直指俄罗斯社会最现实、最迫切的问题。俄国古典主义认为，文学不能局限于简单的重复，需要有新现象的产生。文学应积极捍卫彼得大帝改革的进步方面。如果说法国古典主义发展于“开明专制”（просвещённый абсолютизм）的上升阶段，那么俄国古典主义则形成于彼得大帝去世后的保守思想反弹阶段，彼得改革的进步成果在这一阶段受到冲击。鉴于此，别林斯基说，“新的俄罗斯文学始于讽刺作品——秋天的果实，而非始于颂诗——

春天的果实。俄国古典主义从诞生伊始就富有社会批判色彩”。

俄国古典主义文学从一开始就富有战斗锋芒，充满社会精神和公民意识。处在俄国古典主义前夕的康捷米尔关注的不是古希腊罗马的历史人物，而是残酷的现实本身。他告诫后来俄国文学，不要嘲笑人类共有的不足，而应揭露社会弊端，同保守势力和反动势力做斗争。康捷米尔一生创作了9部讽刺诗，其中最著名的是《致自我理智》（К уму своему），这也是俄国文学史上第一篇讽刺诗。全文由几个贵族和神职人员的独白构成，他们否定彼得大帝改革，妄图恢复彼得改革前的旧秩序。作者在文中针砭时弊，抨击了这些保守势力的愚昧落后，同时也反映了彼得大帝去世后俄罗斯社会思想的动态。在《费拉列特和叶甫盖尼，或论堕落贵族的嫉妒与傲慢》（Филарет и Евгений. На зависть и гордость дворян злонравных）中，作者谴责铁石心肠、嗜血成性的贵族地主残酷欺压农民，任意挥霍农民血汗。在《致缪斯，或论讽刺作品的危险性》（К музе своей. О опасности сатирических сочинений）中，作者形象地表达了要说真话的愿望。康捷米尔是俄国文学史上第一个起来抨击贵族、为民请愿的诗人，也是18世纪最具公民意识的诗人，他时常通过自己的作品表达对同时代诗人精神道德水平低下的悲哀。

与现实性的紧密相连和暴露倾向是俄国古典主义的又一特点。认为人的价值与尊严是超越于阶层之上的，这是俄国古典主义的进步精神之所在。古典主义的另一位代表人物苏马罗科夫积极肯定人的价值，创作了大量讽刺性极强的悲喜剧和寓言故事，其中不乏嘲弄贵族的妄自尊大、警告地主阶层的滥用权利的声音，也抨击农奴买卖的做法。

俄国古典主义与启蒙意识形态紧密相连，强调开明君主在国家的重要作用，创造了统治者自己的形象——王位上的劳动者，而非哲学家。古典主义作家在悲剧中明确了国君的职责，说明了君民关系。苏马罗科夫在《至高荣誉》(Вышеслав)中写到“沙皇对任何人都应该是平等的裁判者与训导者”，劝诫君主为人正直公平。

俄国古典主义与此前的民族传统和口头民间创作联系密切，例如诗体改革和歌词体抒情诗的创作。康捷米尔更是开创性地将诗体讽刺文(стихотворная сатира)体裁引进俄国文学。他的讽刺文运用了许多口头民间创作，继承了俄罗斯本国的讽刺传统；与主要使用古希腊罗马素材的欧洲古典主义不同，俄国古典主义更多取材于本国历史。

俄国古典主义确定了18世纪俄罗斯文学中的两条主流——讽刺流派与颂诗流派。前者多为揭露性作品，后者多为歌颂俄罗斯人功绩的作品以及反映社会崇高理想，特别是反映个人自由的诗歌。这两个流派对后来俄罗斯文学的发展影响深远，俄罗斯文学在两百多年的历史中秉承了这一传统。

6. 简析特列季雅科夫、罗蒙诺索夫诗体改革的内容和作用。

诗歌是俄国古典主义文学的主要形式，然而直到18世纪初，俄国诗歌的发展一直不尽如人意。究其原因，是音节诗体(силлабическое стихосложение)长期主导作诗法，而这种诗体又与俄语重音体系相矛盾。进入18世纪，俄国文化进入改革期，迫切需要一种新的诗歌形式和语言来创造世俗诗歌。在这种大背景下，与教会传统紧密相连的音节诗就更显得不合时宜，诗体改革迫在眉睫。

特列季亚科夫斯基(В. К. Тредиаковский)是俄国诗体改革第一人,他最早意识到,诗体必须符合语言的重音系统。他在《俄语诗简明新作法》(Новый и краткий способ к сложению российских стихов с определениями до сего надлежащих званий)一书中提出,应当在俄语诗歌中加入重音诗体(тоническое стихосложение),创造出重音音节诗体(силлабо-тоническое стихосложение);他为俄语诗歌确立了基本的双音节音部——扬抑格(хорей)、抑扬格(ямб)、抑抑格(пиррихий)、扬扬格(спондей),并认为扬抑格是最好的音部;特列季亚克夫斯基认为,新的重音音节诗体只适合引入十一音节和十三音节的长诗,短诗最好保持音节诗体;他还提出可以在诗中混合不同的音部,在一首诗中可同时出现扬抑格和抑扬格;关于押韵,他更偏爱阴韵。

1739 年,罗蒙诺索夫肯定并推动了特列季亚科夫斯基未完成的诗体改革。他在《俄国诗歌创作书信》(Письмо о правилах российского стихотворства)一文中指出,诗歌创作必须符合俄语法则。他认为,无论音节长短,都要使用音节重音作诗法;他赞成特列季亚科夫斯基关于诗歌双音节音部的定义,还增添了三音节音部——扬抑抑格(дактиль)和抑抑扬格(анапест)。不过,他却认为抑扬格是最好的音部;除了压阴韵,还可以压阳韵。与特列季亚科夫斯基不同的是,罗蒙诺索夫认为重音音节诗体适用于任何长度的诗歌——八音节诗、六音节诗,乃至四音节诗,这一思想又拓宽了俄语诗歌的创造性。

特列季亚科夫斯基和罗蒙诺索夫的诗体改革解决了俄罗斯诗歌的形式问题。俄语诗歌中最终确立了重音音节诗体,这也是最符合俄语重音系统的诗体，对后来俄罗斯文学的发展起到了有力的促进作用。在这场诗体改革中，特列季亚科夫斯基扮演了开创者和基础理论作者的角色，他还率先将自己的理论运用到诗歌创作中；罗蒙诺索夫则将此理论系统化，并将其广泛运用到俄语诗歌创作的实践中去。诗体改革为俄国诗歌黄金时代的到来提供了理论和实践基础，那时确立的作诗法至今仍在沿用。

7. 克雷洛夫寓言的创作特点是什么？

克雷洛夫（И. А. Крылов）在青年时期是个英勇的激进分子，也是个好战的记者，经常在杂志上发表讽刺现实的文章。他继承了启蒙时期讽刺和劝谕小说的传统，刚出道就以言语刻薄闻名。他在早期还创作了不少戏剧和歌剧，颇受彼得堡剧院的欢迎。19 世纪初，对沙皇统治极度失望的克雷洛夫放弃了戏剧和小说的创作，他想选择一种更易于揭露社会黑暗、启蒙民众的方式，于是走上寓言创作的道路。

克雷洛夫一生创作了 9 卷（203 篇）寓言。他的寓言追求真实，体现了人民的智慧，也包含了生活的哲学。各类人的性格、思想和感受，各种日常生活情形都能在克雷洛夫的作品中找到深刻而真实的反映。

与现实生活紧密相连是克雷洛夫寓言创作的主要特色。作者敢于触碰俄国社会最尖锐的问题，如沙皇、大贵族和“被侮辱的与被损害的”之间的对抗，以此表明自己的政治立场。《狼和小羊》（Волк и ягнёнок）中，为了吃掉小羊，狼能想出各种荒诞理由。克雷洛夫在文中直接道出“在强者面前，弱者永远有罪”的真理。《杂色羊》（Пёстрые овцы）影射了沙皇镇压彼得堡大学生革命运动：狮王为了铲除异己杂色羊，借用狐狸毒计——让狼放牧，结果杂色羊被吃个精光。《叶子与根》（Листы и корни）揭示了劳动大众与统治阶级间的真实关系。这类寓言还有《鱼舞》（Рыбья пляска），《狮子打猎》（Лев на ловле），《大象当政》（Слон на воеводстве）。克雷洛夫通过寓言将斗争矛头直指沙皇专制统治和贵族官僚的专横愚昧，对社会不公予以最无情的批判和嘲讽。克雷洛夫的寓言还以小见大，通过揭露司法机构的缺陷来抨击整个国家机关的腐败无能。《四重唱》（Квартет）一针见血地指出，无能的政府成事不足，败事有余。《驴》（Осёл）、《鹅》（Гусь）、《两只狗》（Две собаки）描绘了官员们的精神缺陷。

克雷洛夫的寓言是俄国历史的一面镜子，很多历史事件在他的寓言中都能找到痕迹，最明显的例子就是1812年卫国战争。在拿破仑集结兵力进攻俄国之前，亚历山大一世还对侵略者抱有幻想，派特使向拿破仑转达求和信。可拿破仑对此置之不理，继续发动侵俄战争。这一历史事件被克雷洛夫记录在《猫与厨师》（Кот и повар）中，同时代人很快就明白，猫是拿破仑，厨师即沙皇。在任命库图佐夫为俄军总指挥官时，高层内部因私利出现了分歧，《分红》（Раздел）就反映了这一悲剧时刻。在库图佐夫忍痛将莫斯科拱手相让时，克雷洛夫创作了《乌鸦与鸡》（Орёл и куры）表达对这位伟大将领的支持。关于1812年卫国战争最著名的寓言故事当属《狼入犬舍》（Волк на псарне），聪明人一读便知，不是狼去了不该去的地方，而是狂妄的拿破仑陷入了进退两难的尴尬局面。

克雷洛夫的寓言还具有明显的艺术性和逻辑性，前者反映在故事叙述风格上，后者反映在道德启迪上。这一点从他的道德教育性质的寓言中可见一斑。他在这些作品中揭露了人性恶劣的方面，如谎言（《撒谎者》，Лжец）、贪婪（《吝啬鬼与鸡》，Скупой и курица）、爱吹牛（《苍蝇和赶路的人》，Муха и дорожные）、嫉妒与爱发牢骚（《挑剔的新娘》，Разборчивая невеста；《青蛙与牛》，Лягушка и Вол）、愚昧无知（《橡树下的猪》，Свинья под дубом）、轻率（《小羊》，Ягнёнок）等。克雷洛夫对这些人性的弱点予以无情的嘲讽，告诫人们要与自身的缺点作斗争。克雷洛夫的寓言除了鞭笞人的恶劣品行外，还着重赞美人的优良品质。他在《老人与三青年》（Старик и трое молодых）和《两只鸽子》（Два голубя）中歌颂了无私奉献精神和崇高的友谊，他认为这是人类最高尚的品质。

克雷洛夫还将口语和民间表达方式融入寓言中。他将许多生动的低级词汇引入文学，使文学语言变得更加丰富多彩。克雷洛夫寓言中许多形象表达方式也逐渐成为谚语、俗语，如出自《鹰与鸡》（Орёл и куры）中的“鹰有时飞得比鸡低，鸡却永远不能飞越云霄”（Орлам случается и ниже кур спускаться：но курам никогда до облак не подняться！）；《兽疫》（Мор зверей）中的“软弱受人欺”（Кто посмирней，так тот и виноват）；《松鼠》（Белка）中的“忙得不可开交”（как белка в колесе）；《隐士和熊》中的“帮倒忙”（медвежья услуга）。

克雷洛夫的寓言促使后辈作家清醒地看待世界和生活。从这个意义上讲，克雷洛夫也是俄国现实主义文学的先驱。

8. 俄罗斯启蒙文学的特点和影响是什么？

18 世纪的欧洲处在由封建社会向资本主义过渡的门槛。先进知识分子继承文艺复兴反封建反教会的斗争传统，在思想文化领域掀起了除旧布新的启蒙运动。启蒙文学也在这样的大背景下应运而生。“理性崇拜”是启蒙运动的核心思想，也是启蒙时期文学的思想基础。启蒙思想诞生在法国，后传向其他欧洲国家。

从18世纪中期开始，法国启蒙思想家的著作被译介到俄罗斯。受其影响，俄国知识分子对农奴制和君主专制愈发感到不满，开始在国内宣传自由平等思想。到1760年，启蒙运动在俄国达到顶峰。俄国启蒙思想家认为，非理性是造成农奴制和社会不平等的根源；富人因缺乏理性去压迫穷人，而穷人也是由于缺乏理性才甘愿受压。总之，俄国启蒙运动的主要目的就是启蒙民众。诺维科夫（И. Н. Новиков）、克雷洛夫、冯维辛（Д. И. Фонвизин）、拉季舍夫（А. Н. Радищев）是启蒙时期俄国文学的代表人物，他们大力提倡尖锐的讽刺，要求文学对社会弊端，特别是对统治阶级的各种恶习与暴行进行毫不留情的揭露和抨击。启蒙时期的俄国文学颇有现实主义倾向。

俄国早期启蒙作家寄希望于“开明君主”建立公正的法律，渴望通过教育感化民众，唤起民族的自我认知和人的个性尊严。诺维科夫创办了讽刺杂志《雄峰》（Трутень）和《画家》（Живописец），揭露叶卡捷琳娜二世的政治游戏，批评贵族的好逸恶劳和不学无术，并勇敢地和女皇就讽刺的任务和作用进行针锋相对的争论。诺维科夫反对暴力，相信启蒙的作用。他认为，俄国的启蒙运动不能由政府主导，而应在社会自觉努力下完成。诺维科夫还在杂志上发表了大量讽刺贪赃枉法的官吏和横行霸道的农奴主的艺术作品，如揭露贵族地主野蛮以及精神空虚生活的《舅舅给外甥的信》（Письма дяди к племяннику）、《给法拉列伊的信》（Письма к Фалалею）。这些作品实际就是地主老爷们的忏悔书。在诺维科夫身边还团结了一批不畏权贵、爱好自由的作家,他们敢于同宫廷论战。这也标志着俄国文学从此摆脱宫廷权贵的附庸地位,发展成一支独立的社会力量。

启蒙作家认为,造成俄国地主残酷粗暴的根源是农奴制。他们心中理想的地主形象应当是有学识、有人道主义精神、关注农民生活的人。讽刺作家冯维辛格外关注地主与农奴的关系。他继承了宫廷古典主义和自由主义的传统,创作出俄国第一部喜剧——《旅长》(Бригадир),揭露了俄罗斯贵族地主丑陋的嘴脸。"旅长"的不学无术、妻子的吝啬小气、儿子伊万的轻佻都透过剧情展示得淋漓尽致。在《旅长》之前,还没有一部俄罗斯戏剧如此贴近社会生活。在《纨绔子弟》(Недоросль)中,冯维辛偏离了古典主义的原则,作了大胆的革新,日常生活的描写以及人物性格不是通过对话,而是通过主人公的行为展现。喜剧的主题仍是揭露地主的愚昧无知以及农奴无权的不平等地位。剧情发生在女地主普罗斯塔科娃(Простакова)家,她本想将养女索菲亚(Софья)嫁给自己的兄弟斯科季宁(Скотинин),可当她得知索菲亚即将得到叔叔斯塔罗东(Стародум)财产继承权后,立马改变了主意,决定让愚昧无知的儿子米特罗凡(Митрофан)将索菲亚娶到手。于是一部荒唐可笑的闹剧开始上演。冯维辛借一个家庭的冲突折射出俄国的政治和社会问题,《纨绔子弟》也开创了俄国文学中社会政治体裁喜剧的先河。这一体裁的喜剧后来在格里鲍耶陀夫和果戈理笔下又得到了丰富发展。

在启蒙时期,诞生了俄国文学史上第一个真正意义上的作家——拉季舍夫。他是18世纪启蒙时代俄国文学中领军人物,其作品最能反映俄国启蒙时期文学的特点。他的小说《从彼得堡到莫斯科旅行记》(Путешествие из Петербурга в Москву)被誉为“俄国启蒙运动的革命百科全书”。该书记载了一个旅行者乘坐着邮局马车从彼得堡到莫斯科一路上的所见所闻：农奴制下农民的悲惨境遇，官吏的专横无耻，商人的各种欺诈行为，以及他们妻子的不道德行为，像一幅世界末日的画卷展现在旅行者眼前。书中描写了俄国各个阶层人的生活状态，涉及俄国的政治、经济、宗教、哲学等各方面的尖锐问题。在这位旅行者看来，一切社会问题的根源就是封建农奴制。俄国现实的残酷令他明白，对农奴单纯的同情起不到任何作用，必须揭露俄国农奴制专制统治的罪恶，并找到彻底摆脱农奴制的方法——人民革命。俄罗斯文学的革命传统也始于拉季舍夫。作者在书中表示自己“踩出了一条通往西伯利亚的道路”。的确，后来的十二月党人以及陀思妥耶夫斯基、车尔尼雪夫斯基等作家也都沿着这条道路走过。

启蒙时期之前的俄国文学宗教性十分强烈，圣徒传占据了叙事文学的大半壁江山。从拉季舍夫开始，旅行记和书信作为新的文学体裁走入大众视野。借助这种体裁，作者很容易将自己对生活的感悟、对社会政治的态度反映出来，起到良好的教育作用。冯维辛的《来自法国的书信》(Письма из Франции)、卡拉姆津的《俄国旅行家信札》(Письма русского путешественника)都是这一时期广为人知的作品。这种体裁对后来俄国现实主义小说的创作产生了深远影响，普希金的《叶甫盖尼·奥涅金》(Евгений Онегин)中有单独一章叫做“奥涅金的旅行”(Путешествие Онегина)，果戈理的《死魂灵》形式上也是乞乞科夫的俄国农村游记，这些都绝非偶然。可以说，启蒙时期的俄国文学为即将到来的现实主义文学都做好了形式和思想上的铺垫。

9. 简析俄罗斯感伤主义文学的特点(以卡拉姆津的创作为例)。

感伤主义(сентиментализм)最早产生于英国,得名于斯泰恩的小说《感伤的旅行》,它是启蒙文学的支流或是其继续和发展。感伤主义由英国传到欧洲大陆,尔后影响到俄国文学。

18 世纪中后期,俄国贵族知识分子中许多人(如拉季舍夫)开始对农奴制产生反感情绪,普加乔夫起义和法国资产阶级革命又带给他们双重震撼。他们意识到自己在社会中的衰弱和必然灭亡,悲哀、忧郁、颓废成为他们最真挚的感情。感伤主义的产生还和"第三等级"的人在社会中扮演越来越重要的角色有关。他们的生活状况和精神面貌在艾明(Ф. А. Эмин)的长篇小说《艾尔尼斯特与道拉芙拉两地书》(Письма Эрнеста и Доравры)以及卢金的喜剧(В. И. Лугин)《受爱感化的浪子》(Мот, любовью исправленный)中得到体现。当然,俄国感伤主义的诞生还受到"催人泪下"的戏剧及喜歌剧的影响,这些作品很大程度上迎合了民主进步人士的口味。俄国文学中的感伤主义萌芽出现在 18 世纪 60 年代,到了 18 世纪 90 年代已成为文学主流。

感伤主义文学中的个人观与古典主义的国家王权至上观背道而驰。如果说古典主义推崇理性的社会的人,那么感伤主义则推崇有感情的自我的人。换句话说,感伤主义关注的中心是人,是有个性和情感的人。感伤主义以感情论为基础,用感情崇拜来对抗古典主义的理性崇拜。感伤主义作家注重描写下层人民的悲苦命运,以引起人道主义同情,他们善于剖析人物的内心世界,经常加入自己的评论。感伤主义作家还注重自然描写,要求语言口语化,接近民众。它的创作形式多为日记、旅行记和家庭心理小说。

18 世纪 90 年代初，卡拉姆津(Н. М. Карамзин)作为俄罗斯贵族感伤主义的理论家和创始人登上文坛。《苦命的丽莎》(Бедная Лиза)是卡拉姆津最著名的中篇小说，也是俄国感伤主义文学的扛鼎之作。小说的主人公不再是王公贵族，而是普通的农家少女丽莎(Лиза)和公子哥埃拉斯特(Эраст)。她们自由相爱，在彼此身上寻求爱情的幸福。然而爱情没给丽莎带来幸福，她被情人抛弃后，选择了投河自杀。贵族引诱农家姑娘的事在当时的俄国时有发生，然而第一个揭示这种不平等爱情的作家还是卡拉姆津。作者将丽莎看做理想的“大自然”的化身，她身上没有农民应有的忙碌和苦闷。丽莎把很长的时间花在独自散步和同埃拉斯特幽会上。作者刻意淡化人物的生活描写，突出他们的感情体验。卡拉姆津还描述了丽莎母亲在丈夫死后不断地流泪，以表明“农家妇女也会爱啊”。他还用感伤的笔调揣测农家少女的内心，“唉，丽莎，丽莎！你怎么啦？在此前，你同鸟儿们一道醒来，你同它们一道快乐地度过早晨……而现在你却沉思起来，大自然的欢乐打动不了你的心”。作者在刻画埃拉斯特时也用了同样的理想化和感伤的笔触，他梦想着和丽莎“住在乡间和茂密的森林里，永不分离，就像住在天堂里一样”，但他又经不住上流社会生活的引诱，最后为了一桩有利可图的婚事抛弃了丽莎。作者曾企图为男主人公辩护，说他有一颗善良却易变的心，并且描述他事后追悔莫及、痛不欲生的状态。这样看来，丽莎的悲剧似乎是由纨绔子弟的轻率行为造成的，与社会等级无关。按文学家希波夫斯基(В. В. Сиповский)的观点，《苦命的丽莎》之所以受到俄国读者的欢迎，是因为在这部作品中卡拉姆津道出了“新内容”——女主人公的自杀，正如歌德在《少年维特之烦恼》

中给德国人带来的震撼一样。这无疑让习惯了完满爱情结局的俄国读者在小说中首次体味到了现实生活的苦涩。

之后,卡拉姆津还创作了中篇小说《大家闺秀娜塔丽娅》(Наталья, боярская дочь)、《尤丽娅》(Юлия)。第一篇小说中,作者将贵族小姐娜塔丽娅和另一位贵族子弟阿列克赛(Алексей)之间感人的、充满美德的爱情提到首位。小说结局反映了作者对彼得改革前的旧时代——宗法制俄罗斯的向往。在第二篇小说中,卡拉姆津的感伤创作手法达到了极致。女主人公是美貌的交际花,她同时爱上了上流社会某位轻薄的公爵和道德高尚的青年阿里斯(Арис)。尤丽娅在两者中徘徊,也几次滑向堕落的边缘。不过故事的结局还令读者满意——庄园的美德战胜了城市的罪恶,尤丽娅和阿里斯最终走到了一起。

卡拉姆津的诗歌创作依然走的是感伤主义—浪漫主义路线,他主要写哀歌、哲理诗和爱情诗。他的哀愁都通过具体的倾诉对象表达出来,如:《致德米特里耶夫》(Послание к Дмитриеву)、《致妇女》(Послание к женщине)等。卡拉姆津还经常在自然诗中托物言志,借景抒情。这也被后来的茹科夫斯基所继承和发扬。他是18世纪俄国文学史上第一个真正意义上的经典作家,对后代作家影响深远。

三、19 世纪

10. 格里鲍耶陀夫喜剧《聪明误》中的主要冲突是什么？

1812 年的卫国战争极大鼓舞了俄国人民的民族自信心和自豪感。然而，获胜的俄国人民仍然生活在农奴制的枷锁下。部分进步军官敏锐地察觉到这一点，开始为人民争取自由平等权利，贵族阶层分道扬镳，分裂成进步派保守派。这两派的争论与冲突在格里鲍耶陀夫的喜剧《聪明误》中得到很好的体现。

在法穆索夫（Фамусов）家中，"新时代"和"旧时代"发生了碰撞。俄国的贵族老爷仍然按照祖上的传统生活着。他们只关心官场升迁，贪图有利的婚事，希望能"捞上一笔奖金，然后愉快地生活"。法穆索夫就是旧式莫斯科贵族的典型代表，他身居高位，一心想着升官发财。这位国家官员不懂业务，签署文件前从不阅读 。他最怕文案积堆，按他的话说，"不管什么事，在我这儿都一样，签上字就没我事了"。他任人唯亲，为的只是"照顾亲人，助其升迁"。法穆索夫评价人只看官职和财富，挑女婿也只考虑门当户对。所以他想把女儿嫁给未来的将军——斯卡洛茹勃（Скалозуб）上校。可偏偏斯卡茹勃这人生性木讷，"嘴里吐不出一句聪明话"，除了谈论勋章、军队和元帅，别的一无所知。法穆索夫的女儿索菲亚（Софья）对斯卡茹勃没有一丝好感，却对父亲的秘书莫尔恰林（Молчалин）情有独钟。莫尔恰林不是法穆索夫的亲戚，却能在他身边混得如鱼得水，靠的就是深谙法穆索夫上流社会的处事规则。他谨小慎微，善于察言观色，能做到骂不出声，打不还手。他熟谙阿谀奉承的伎俩，会适时帮有权势的老太太擦去身上的污泥。凭借虚与委蛇和巴结讨好的本事，莫尔恰林当了三年秘书就获得八品官衔和三次嘉奖。莫尔恰林牢记父亲的教导，要“毫不例外地请所有人吃饭”，当然，是所有比自己地位高的人。

与法穆索夫圈子格格不入的是恰茨基（Чацкий）。在法穆索夫家的客厅里，恰茨基语出惊人，仿佛来自于另一个世界。他爱好自由，年轻聪明，是进步青年的代表。许多同时代的人在恰茨基这一形象中看到了十二月党人的影子。对他而言，崇高的思想高于一切。和所有自由思想的贵族青年一样，恰茨基热爱文学，国外旅行、对哲学和西欧史的认知，以及对生命意义的深刻思考都对恰茨基人生观的形成起了积极作用。恰茨基是自由和独立人格的捍卫者。法穆索夫在讲述自己叔叔的一生时，恰茨基予以鄙夷的评论，并形容叶卡捷琳娜二世统治时期是“顺从而可怕的时代”。关于报效祖国，他有自己的理念，讨好巴结是他不可忍受的。恰茨基认为，社会的进步与个性解放和科学教育的发展紧密相连，而这些正是让法穆索夫圈子感到陌生和害怕的事物。

作为俄国进步青年的代表，恰茨基揭露了俄国国家的基础——农奴制。他坚决反对农奴制最可怕的行为——人口买卖。他愤怒地向人们讲述了两个故事：一个地主为了还债出卖了自己的农奴芭蕾舞团，而另一个地主则用自己忠诚的仆人换回良种狗。俄国贵族对西欧人的卑躬屈膝同样令恰茨基气愤。他认为，俄国贵族的大门总是为外国客人敞开，欧洲人在俄国总能受到盛情接待。所有贵族都邀请西欧人做家教，导致俄国贵族的下一代认为“离开德国人我们就没救了”。旧式莫斯科贵族总说着一口荒谬的“法语和下诺夫哥罗德方言混合的语言”。恰茨基呼吁俄罗斯民族性的复兴，希望“聪明的俄国人民不要听口音误把我们当做德国人”。

恰茨基否定法穆索夫代表的莫斯科的一切陈规旧律，这就招来了旧式莫斯科贵族的仇恨，他们感到惶恐的是，像恰茨基一样的进步青年越来越多。比如，斯卡洛茹勃的兄弟，外人都以为他会职务晋升，可他“突然离职，回乡读起了书”。图戈乌霍夫斯卡娅（Тугоуховская）公爵夫人的弟弟费奥多尔（Фёдор）公爵“不爱官爵爱科学”，最后成为了化学家、植物学家。当法穆索夫家的客人谈到彼得堡刚开办的师范学院时众人嗤之以鼻。当有人说现在的教授和大学生享有完全的思想自由时，所有人立刻变得惶恐不安。

恰茨基最终被法穆索夫的上流社会赶走了。正如冈察洛夫在评论《聪明误》时所说的，“恰茨基被旧势力打败了，但他的新思想却给旧式莫斯科致命一击”。

11. 普希金抒情诗的题材分类有哪些？

普希金（А. С. Пушкин）是“俄罗斯诗歌的太阳”。他一生创作了近八百首抒情诗。他的抒情诗按题材大致可分为以下几类：政治抒情诗（革命和自由主题）、爱情抒情诗、友谊抒情诗、哲理抒情诗以及关于诗人和诗歌使命的抒情诗。

普希金最著名的政治抒情诗当属《自由颂》（Вольность）、《致恰达耶夫》（К Чаадаеву）和《乡村》（Деревня）。这些诗歌不仅反映了普希金个人的社会政治观点，还体现了19世纪初贵族革命运动的特点。《自由颂》的主要思想表现在这四行诗中：

统治者们！不是自然，是法律
把王冠和王位给了你们，
你们虽然高居于人民之上，
但永恒的法律却高过你们。

普希金认为，只有当“统治者”和人民都遵守“永恒的法律”（即宪法）时，才会有国泰民安。人民和“统治者”中的任何一方触犯了“永恒的法律”都会酿成悲剧性后果。他的这种观念和拥护立宪君主制的十二月党人如出一辙。

在《致恰达耶夫》中，普希金向满怀爱国激情的朋友发出内心的呼喊。对祖国的热爱，对自由的向往，对建功立业的渴望流淌在诗句行间；《乡村》涉及十二月党人经常讨论的话题——农奴制的废存。普希金坚信，农奴制应当由“沙皇下旨”废除。

爱情诗在普希金的诗歌创作中占很重要的地位。对他而言，爱是人类灵魂的最高体验，爱是真挚高尚的感情，而女性则是美的理想化身。《我记得那美妙的瞬间》（Я помню чудное мгновенье）是普希金爱情诗的杰作。诗中歌颂了让人忧愁又让人狂喜的爱情的巨大力量。普希金心中的完美女性“犹如纯洁至美的精灵”，是他“倾心的人”，更带给他“灵感、生命、眼泪和爱情”。爱情不总是美满，嫉妒、离别、死亡常与它为伴，但普希金诗歌的主人公从不因此陷入萎靡。他总是祝福自己深爱的人，即使那份爱是无言的，如《我曾经爱过您》（Я вас любил）所云：

我爱过您，默默而无望，
我的心受尽羞怯、忌妒的折磨；
我爱得那样真诚，那样温柔，
愿别人爱您也能像我一样。

普希金写过许多赞美友谊的诗歌。对他而言，友情就是一群同病相怜的人。《10 月 19 日》（19 октября）是献给皇村岁月的一首诗，普希金在诗中回忆起好友的面庞，怀念皇村生活的点滴珍贵。在历经蹉跎岁月后，“整个世界都是异乡”，“母国——只有皇村”。《给伊·伊·普欣》(И. И. Пущину)中,诗人回忆起好友造访米哈伊洛夫斯克庄园时给他带来的“慰藉”,想起流放的好友,诗人写下:

但愿我的声音能给予
你的心灵以同样的慰藉,
但愿它以皇村的明丽光景
照亮你那幽暗的监狱!

普希金在自己的哲学诗中常常追问生命的意义、死亡的本质,思考人的个性独立和自由。哲学主题在这些诗歌中得到体现:《失眠夜写的诗》(Стихи, сочинённые ночью во время бессонницы)、《旅行者》(Странник)、《天保佑,可别让我发疯……》(Не дай мне бог сойти с ума)。普希金最著名的哲学诗莫过于《假如生活欺骗了你》(Если жизнь тебя обманет...),这首诗是普希金人生经验的总结,也道出了生活的真谛:

心灵总是憧憬着未来,
现实总是让人感到枯燥:
一切转眼即逝,成为过去;
而过去的一切,都会显得美妙。

对诗人和诗歌使命的思考贯穿普希金创作的始终。他在诗歌中思考诗人在世界的地位、诗人与社会的关系以及诗歌创作的过程。《致诗人》(Поэту)指出了诗歌的独立性和自我价值。《诗人与群盲》(Поэт и толпа)教读者寻找艺术的益处,指出艺术创作的原则——创造美好和感化心灵。在他的诗歌遗嘱《纪念碑》(Я памятник себе воздвиг нерукотворный…)中,普希金对自己的一生和创作作了总结,他的诗歌将成为人民的财富,“我的名声将传遍整个伟大的俄罗斯”。让诗人自豪的是,“在这残酷的世纪里,我歌颂过自由”。普希金还肯定了诗人的伟大使命：不听从尘世的任何声音,只听从“上帝的旨意”。诗人确信,“缪斯”应当信奉真理,忠诚于自由、美丽、公平和善良,这才是真正的艺术永恒不变的本质。

12. 简析《叶甫盖尼·奥涅金》中的男女主人公形象。

《叶甫盖尼·奥涅金》是普希金创作的巅峰。别林斯基(В. Г. Белинский)称之为“俄国生活的百科全书”。这位文学评论家还认为,“普希金功劳伟大……他透过奥涅金和连斯基(Ленский)这两个角色,首次在小说中将俄罗斯社会的主要方面(即男性方面)呈现在读者面前,又透过达吉亚娜诗化般地描绘了俄罗斯女性的形象”。

作者给女主人公起了个很朴实的名字——“达吉亚娜”。达吉亚娜,一个很普通的外省女人,她外表并不出众,生性淳朴。她爱沉思、爱幻想,身处外省的芸芸众生中,时常感到孤独和苦闷。达吉亚娜是俄罗斯民族文化特征的化身,在她身上集中了理想的俄罗斯民族性格特点。与村姑们的交往、对奶妈的爱,这些俄罗斯民族的特性在达吉亚娜身上有所体现,她质朴、直率、心灵纯洁、厌恶虚伪,阅读是唯一能给达吉亚娜带来精神慰藉和享受的方式,理查森和卢梭的小说是她最好的伴侣。在这些小说里,达吉亚娜预感到自己意中人的样子。“达吉亚娜的内心世界渴望炽热的爱情”,别林斯基一语道中达吉亚娜苦闷的真正原因。

男主人公奥涅金是典型的彼得堡贵族知识分子形象。他受过良好教育，却无处施展才华，终日沉湎于情感纠葛和世俗娱乐，患上了贵族忧郁症。为了看望重病的叔叔，他离开彼得堡，来到了乡下。然而外省的清淡平静的生活很快让他再度抑郁。连斯基是乡下唯一能与奥涅金对话的人，他们的谈话经常触及哲学、社会、科学等问题。连斯基身上有许多优良品质，他受过西方教育，具有高尚的思想和崇高的追求，渴望知识和劳动。和奥涅金一样，他感到自己与乡下的贵族环境格格不入，但他却将奥莉加，这个外表迷人、内心空洞的普通外省姑娘理想化，在她身上寻求精神寄托。

作品的主要冲突当然还是在奥涅金和达吉亚娜的情感故事上展开。达吉亚娜初见奥涅金，就被他身上的孤傲气质深深吸引，在他身上感觉到了那份望眼欲穿的感情。爱情之于达吉亚娜不是游戏，是生命意义之所在："她不知道欺骗，相信夙愿成真"。她写了封感人至深的信，勇敢地向奥涅金吐露心声。然而这个花花公子冷漠地拒绝了她，使她陷入长久的悲伤。奥涅金本想逃离这个无趣的地方，却被连斯基劝说参加拉林（Ларин）家的午宴。这个唐璜式的人物按捺不住心中的郁闷和空虚，在舞会上对奥莉加大献殷勤，导致后者冷落连斯基。连斯基这个浪漫主义者也注定无法承受生活的打击，他不愿与周遭妥协，选择在与现实的冲撞中灭亡——他向奥涅金发起决斗挑战。

奥涅金在决斗中杀死好友后离开了村庄。达吉亚娜心中爱的火焰仍未完全熄灭，她来到奥涅金的乡间住所，翻起奥涅金书架上的书，开始慢慢了解这个对他而言既朦胧又神秘的奥涅金，在这里奥涅金的灵魂世界真实地展示在她面前。这一刻也成了达吉亚娜生命中的转折。

当奥涅金在彼得堡再次邂逅达吉亚娜时，后者已成为冷艳贵气的上流社会的太太，知名沙龙的女主人。奥涅金完全无法相信，面前的美妇人就是当年羞怯的村姑小姐达吉亚娜。奥涅金写了一封情书向她表白。

但达吉亚娜已不再相信奥涅金的真诚，她无法忘记那个给她带来短暂幸福又充满欺骗的美梦：

那时候，呵，在那村野里，
那片远的地方，没有莫斯科
这么繁华，您不爱我，是不是？
为什么我又成了您的目标？
难道不是因为如今的我
成了上流社会的人物，
因为我现在富豪、显赫
…………

达吉亚娜的婚姻并不幸福，荣耀和财富不能带给她精神上的满足。她心中对奥涅金的爱还没有完全熄灭，但她圣洁的灵魂容忍不了半点欺骗：

对于我，奥涅金，这种豪华，
这种可恶的生活的浮华，
这富贵场中对我的推重，
这些晚会和这漂亮的家，
他们算得什么？
……
我虽然爱您（又何必说谎？）
但我已经是属于别人，
我将要一世对他忠贞。

达吉亚娜的这段话说出了她内心最珍视的品质——责任感，这也是她最主要的性格特征。这种品质也使得所有读者为达吉亚娜着迷，而普希金则称自己的女主人公为“俄罗斯心灵”。

普希金将达吉亚娜塑造成理想的俄罗斯女性形象，这在许多俄罗斯作家的笔下都能找到类似的影子：冈察洛夫的小说《奥勃洛摩夫》(Обломов)中的奥尔迦，屠格涅夫小说中的女主人公，以及被涅克拉索夫赞颂的十二月党人的妻子。正如陀思妥耶夫斯基所说，“达吉亚娜是坚强的人物，她稳稳地根植于民族与人民生活的土壤里”。她的形象经久不衰。至于奥涅金，性格决定了他的命运，他注定成为陀思妥耶夫斯基所说的“故土的漂泊者”——既不属于人民，也不属于贵族，永远游走在社会边缘，成为十足的“多余人”。另一位男主人公连斯基在决斗中丧生，不过即使他活着，也成不了诗人，他的诗歌太“慵懒萎靡”。他很可能会被生活磨平棱角，变成平凡的地主。作者通过他的形象展示了19世纪20年代知识分子的另一条道路。

13. 普希金在俄罗斯文学史上的地位和贡献如何?

提起普希金，俄国文论家和作家从不吝褒奖，称其为“俄国诗歌的太阳”、“俄国文学之父”、“百川之源”，因为普希金改变了俄罗斯文学的发展轨迹。

普希金是俄罗斯民族文学的奠基人，他使得俄罗斯文学在欧洲民族文学之林有了一席之地。在普希金之前，俄国文学长期停留在对西欧文学，特别是对法国文学的模仿阶段，缺乏自己的创造和思想，没有自己的范式和风尚，也从未引起过欧洲的重视。普希金的出现扭转了俄国文学颓势。他虽然自幼受西欧文化熏陶,但他注重从本民族文化中汲取养料,继承和发扬了前辈卡拉姆辛、茹科夫斯基、巴丘什科夫等人的文学成就。在创作上,他有意识地贴近俄国生活,刻画典型俄国人形象,反映俄罗斯文化价值和民族精神。普希金使得俄罗斯文学有了自己的灵魂,开始与西欧文学比肩而立。

普希金开创了俄罗斯文学的多个先河。他的创作几乎涉及所有文学体裁,在诗歌、小说、戏剧和文学理论等方面留下不少经典范本。普希金是俄国浪漫主义文学的集大成者,也是现实主义文学的奠基人。他反对专制统治和农奴制,在“严酷的时代歌颂过自由”,从而埋下了俄国文学人民性的种子。他丰富了俄罗斯文学人物画廊,成了塑造“多余人”的鼻祖,开启了“小人物”先河,歌颂了俄罗斯妇女的美好形象。他作品充满对弱者的同情,对恶势力的批判,对人的尊严的捍卫。俄国文学深厚的人道主义精神发源于此,俄国文学的内容和风格也是在普希金时代确立下来的。

普希金是现代俄罗斯文学语言的奠基人。他规范了现代俄语,丰富了俄罗斯文学语言,提高了俄罗斯文学的艺术表现力。普希金将文学语言和民间口语结合了起来。各类雅俗词汇、古斯拉夫语和外来词经过他的洗练变得极富表现力。他的长诗语言接近口语,吸收了大量民间创作中的俚语词汇;在他的小说中能听到各个社会阶层人物的语言;他的抒情诗更以清晰、准确、生动、优美和朴素的语言著称。果戈理称,在普希金的作品中,“有我们语言所有的丰富、力量和灵巧”。

普希金的创作对后世俄国作家影响深远。果戈理、屠格涅夫、陀思妥耶夫斯基、托尔斯泰、契诃夫继承了他的文学传统,将俄国文学推向世界文学之巅。在普希金逝后的几百年里,他的影响早已超越了文学范畴。普希金许多作品中的主题、形象和情节经常被俄国画家和作曲家演绎，焕发新的光彩。正如俄国评论家格里高利耶夫所说，“普希金是我们的一切”。

14. 简析“多余人”形象的性格特征。

“多余人”作为一种社会心理人物类型出现在19世纪上半期的俄罗斯文学里。他们大多受过典型的贵族教育，头脑灵活，能言善辩；他们厌倦了上流社会的堕落空虚，有着更高的志趣和更广的视野，但缺乏改变社会的行动，经常在娱乐消遣中虚度光阴；他们内心疲倦，身上富有“怀疑主义”气质，言行差别巨大。“多余人”这个说法最早出现在屠格涅夫的小说《多余人日记》(Записки лишнего человека)。后来赫尔岑在评价普希金笔下的叶甫盖尼·奥涅金时，明确将“多余人”作为一个概念提出，这一术语便流传下来。

奥涅金是俄罗斯文学中“多余人”的鼻祖。他出身彼得堡贵族之家，受过良好教育，终年游走于上流社会的社交场合。他不满环境，也不满自己，患上了俄国“忧郁症”。奥涅金脱离了纨绔子弟的生活轨迹，尝试过在农村进行改革，但因顶不住压力而放弃。面对淳朴农村少女达吉亚娜赤诚的表白，奥涅金心头起过涟漪，但还是因不愿受家庭生活的束缚而拒绝了她。奥涅金不愿与乡间庸俗的地主们打交道，留德归来的连斯基是他在乡下唯一交心的朋友。但出于无聊，奥涅金在一次晚会上向连斯基的女友大献殷勤，被激怒的后者提出决斗。奥涅金为了捍卫上流社会畸形的荣誉，接受了连斯基挑战并打死了他。奥涅金破坏了所有人的幸福，深受良心谴责，开始了漫游生涯。奥涅金不满现状，又无法摆脱现实，寻求出路又找不到出路。他接受先进社会思潮的影响又脱离民族文化土壤，徒有改革志向而无改革毅力，在爱情、事业、友谊上都是失败者，只能在碌碌无为中度过没有幸福的一生。用赫尔岑的话说，这是一个既不愿同贵族官僚同流合污，也不愿站在人民那边的"多余人"。

莱蒙托夫小说《当代英雄》中的毕巧林（Печорин）是俄罗斯文学中第二个典型的"多余人"形象。他是冷酷自私的年轻贵族军官，过着空虚无聊的生活，然而他内心却不甘堕落，渴望有所作为。他的出现只会给别人带来不幸：他的情欲毁灭了贝拉；他的冷漠刺痛了善良的马克西姆·马克西姆维奇的心；他的好奇扰乱了塔曼城走私者的正常生活；他在空虚无聊中玩弄了梅林公爵小姐的感情，杀死了格鲁希尼茨基（Грушницкий）；他的"毒舌"预言了符里奇（Вулич）的死。毕巧林是上流社会的产物，却又与之对立，空有一身才华，却无处施展抱负。最终也没能找到生命的意义，这也是他悲剧性的根源。

屠格涅夫笔下的罗亭（Рудин）是奥涅金和毕巧林的继承者。他出身贵族，才高八斗，风度翩翩。凭借渊博的学识和雄辩的口才，罗亭很快成为贵族沙龙里的宠儿，也赢得贵族少女娜塔莉亚的好感。两人很快互述衷肠，但遭到娜塔莉亚母亲的强烈反对。当少女带着与家庭决裂的决心去见罗亭时，得到的却是"屈服"的回答。罗亭在圣洁的爱情面前经不起考验，碰到困难便想到退缩。这与平日里谈吐非凡、从容不迫的罗亭似乎判若两人。然而与奥涅金和毕巧林不同的是，罗亭并不完全是"语言的巨人，行动的矮子"，他坚持自己的信仰，敢于为了理想献出生命。他完全超越了平庸的贵族阶级，敢于同命运斗争。在巴黎街头倒下的红旗也增添了他命运的悲情色彩。

奥涅金、毕巧林和罗亭都是“多余人”的典型代表。他们的性格、心理同他们的出身、教育和社会环境紧密联系。他们是时代的产物,代表了19世纪上半期部分俄国贵族知识分子的精神面貌。时代孕育了他们,却不能成就他们——这是他们共同的悲剧。“多余人”形象后来在赫尔岑、冈察洛夫、屠格涅夫、契诃夫等经典作家笔下得到延续和发展,即使在当代俄罗斯文学中也不难发现“多余人”的影子。

15. 简析“小人物”形象的性格特征。

“小人物”(маленький человек)这一文学主人公最早出现在19世纪20年代的俄国现实主义文学中。他们的出身和社会地位都不高,没有杰出才能,也没有强硬的性格,但是他们心地善良,从不加害于人。

普希金在《驿站长》(Станционный смотритель)中塑造了俄国文学中的第一个小人物形象——维林(Вырин)。十四品文官维林和女儿冬妮娅(Дуня)辛苦地经营着一家驿站。谁都骂过他,谁都恐吓过他。面对欺凌,驿站长总是忍气吞声。骠骑兵大尉明斯基(Минский)路过驿站时看上了美貌的冬妮娅,并拐走了她。可怜的维林跑到彼得堡去找女儿,却两次被明斯基粗暴地赶出门外。绝望的驿站长无奈地回到家,不久在郁郁寡欢中悲惨地离开人世。维林是典型的被压迫、被损害、被侮辱的社会底层人物。女儿冬妮娅是他活在世上唯一的精神寄托,但是命运跟这个苦难的老人开了个不怀好意的玩笑,摧毁了他生命中的最后一丝希望。小说结尾处,冬妮娅带着孩子给父亲扫墓。这个悲悯的画面愈发加重了维林的悲剧色彩,引起了人们对小人物的人道主义关怀和同情。

普希金开创了俄国文学“小人物”形象滥觞，果戈理在《外套》(Шинель)中续写了这一传统。巴施马奇金(Башмачкин)是个地位低下的公务员，靠抄写文件过着极其清苦的日子。平日里时常受长官的辱骂和同事的取笑。寒冷的冬天临近，巴施马奇金却没有一件体面的御寒衣物。于是攒钱买外套就成了他人生中的一件大事。历经千辛万苦后，他终于穿上了新外套。然而，在第二天夜里外套就被强盗抢走了。在找警察无果的情况下，他听从朋友建议去找了另外一个大人物。不巧这位官员正好在和久违的老友聊天，为了耍威风，他厉声呵斥了巴施马奇金。受惊过度的巴施马奇金回家后就抱病身亡了。巴施马奇金虽然精神贫瘠，但为人安分守己。他没有什么追求，一件新外套就成为他生活的理想，奋斗的目标。失去外套的痛苦足以毁灭这个可怜的“小人物”。

普希金和果戈理通过塑造经典的“小人物”形象，唤醒了那些习惯欣赏浪漫主义英雄人物的读者：最平凡普通的“小人物”也是人，他们也值得同情、关注和帮助。俄国文学厚重的人道主义关怀、对人的关爱、对恶势力的批判精神也由此发轫，绵延百年不衰。陀思妥耶夫斯基笔下的穷人(《穷人》，Бедные люди)，屠格涅夫笔下的农奴(《木木》，Муму)，契诃夫笔下的马车夫(《苦恼》，Тоска)和小公务员(《公务员之死》，Смерть чиновника)都是俄国文学“小人物”画廊中的经典之作。

16. 浪漫主义文学有哪些特点和成就?

浪漫主义文学(литература романтизма)运动最早发源于18

世纪末—19 世纪初的英德。它是法国大革命催生的社会思潮的产物，也是德国古典哲学和空想社会主义思想在文学上的反映。浪漫主义文学强调自我，追求自由，与古典主义倡导的“理性和王权”背道而驰。文艺复兴人文主义精神在浪漫主义文学中得到“重现”。

当西欧已经历过两次浪漫主义浪潮时，俄国文学仍处于古典主义占主导的阶段。大约自 1805 年起，法国掀起了欧洲浪漫主义的第三次浪潮，这次浪潮也终于波及到俄国。俄国文学开始借鉴英法德的浪漫主义经验来解决本民族的艺术问题。俄国文学融入欧洲文学进程的渴望也随之高涨。1812 年的卫国战争唤醒俄国人的民族意识。这两大因素促成了俄国浪漫主义文学的产生。

俄国的浪漫主义文学以诗歌为主，富有强烈的战斗精神，向往自由和民主。古典主义时期人们认为“诗歌是无聊的消遣”，到了浪漫主义时期，诗歌则成为人们追求生命中最崇高理想的体现。茹科夫斯基是俄国浪漫主义文学早期的代表人物，被誉为第一位俄国抒情诗人。茹科夫斯基早年的创作带有感伤主义色彩，但从哀歌体抒情诗《乡村公墓》（Сельское кладбище）和《傍晚》（Вечер）起，他开始转向浪漫主义。茹科夫斯基一生创作了大量谣曲（Баллада），这种民歌和历史主题的结合正是浪漫主义最喜爱的体裁。谣曲《柳德米拉》（Людмила）和《斯维特兰娜》（Светлана）标志着俄国浪漫主义文学的开端。为茹科夫斯基带来巨大声誉的是《军营中的歌手》（Певец в стане русских воинов），作品充满对祖国的热爱之情。茹科夫斯基为诗歌引入新形象和新感觉。他的抒情诗“赋予了俄罗斯诗歌灵与心”。他的诗歌语言朴素灵活，富于乐感，这一特点在他的抒情诗《歌》（Песня）、《致她》（К ней）、《来自另一个世界的声音》（Голос с того света)中尤为突出。茹科夫斯还将席勒、歌德、拜伦等欧洲著名诗人的作品译介到俄国。茹科夫斯基是普希金之前最伟大的诗人,别林斯基说“没有茹科夫斯基就没有普希金”。

普希金是俄国浪漫主义最具影响力的代表人物。他的早期作品主张追求个性独立,追求精神解放和自由。普希金在皇村就开始创作长诗《鲁斯兰和柳德米拉》(Руслан и Людмила),这部作品是他早年文学创作探索的总结,也是俄国诗歌史上浪漫主义的开山之作。普希金模仿拜伦创作了《高加索的俘虏》(Кавказский пленник)、《强盗兄弟》(Братья разбойники)、《巴赫奇萨拉伊泪泉》(Бахчисарайский фонтан)。这些作品的主人公或是孤独的流放者,或是向往自由的囚徒,抑或是受尽折磨的超凡人物。这些长诗饱含作者对自由的渴望。普希金青年时期与十二月党人交往甚密,这些对他世界观和文学创作都有很大影响。他写了一系列革命性诗歌——《短剑》(Кинжал)、《拿破仑》(Наполеон)、《致达维多夫》,谴责人民甘于受奴役,批评贵族浪漫主义者脱离人民。这些思想在长诗《茨冈》(Цыганы)和诗体小说《叶甫盖尼·奥涅金》中也能感受到,这两部作品同样也反映了普希金由浪漫主义向现实主义的转变。

莱蒙托夫是继普希金之后俄国文坛的新星,也是俄国浪漫主义文学的巅峰。莱蒙托夫早期创作模仿普希金和拜伦,他笔下的主人公大多勇敢而孤独,满怀激情,渴望自由。这些主题贯穿他创作的始终。忧郁和苦闷是莱蒙托夫特有的气质,他梦想过往的英雄岁月,却不得不生活在平庸的年代。他既不满于平静生活,也不满于惊涛骇浪,《帆》(Парус)就是这种叛逆者心理的写照。《恶魔》(Демон)中的堕落天使因反抗上帝被逐出天堂,游荡在天地间的他爱上了凡间女子,为了爱情他与上帝和解,但在得到爱情的瞬间却"杀"死了心爱的姑娘，他注定孤独一生。莱蒙托夫借《恶魔》的悲剧表达了反抗奴役和追求自由的信念。《童僧》(Мцыри)塑造了一个反抗现实，向往苍鹰般自由的灵魂。莱蒙托夫在《童僧》中将叛逆精神和永不妥协的意志发挥到极致。主人公"火一般热情"的性格与残酷的现实猛烈碰撞，迸发出强烈的悲剧色彩，极大增添了作品的英雄浪漫主义色彩。

除此之外，普希金同时代的诗人巴丘什科夫(К. Н. Батюшков)、巴拉廷斯基(Е. А. Баратыский)、雷列耶夫(К. Ф. Рылеев)都是俄国浪漫主义先驱，他们的诗歌充满人道自由主义精神。果戈理的早期创作也代表了俄国浪漫主义的最高水平。《狄康卡近乡夜话》(Вечера на хуторе близ Диканьки)诗化地描写了迷人的乌克兰生活，作者试图揭开乌克兰民族性格的本质，展示乌克兰人民的勇敢善良和对自由的热爱。

浪漫主义成就了俄国诗歌的辉煌，拉开了俄国文学黄金时代的帷幕。

17. 现实主义文学有哪些特点和成就？

现实主义文学(литература реализма)在19世纪30年代首先形成于法国。随着资本主义制度种种弊端的暴露，人们心中的"理想王国幻想"破灭，浪漫主义热情也随之冷却，于是形成了一种冷静务实的社会心理。现实主义文学就是这种复杂社会心理在文学方面的反映。

现实主义要求作家冷静客观地描述生活。这并不意味着文本必须是生活的复制品，而是作者的描写必须忠实于他所看到的社会现实，去尽谎言，拒绝粉饰太平；现实主义作品中充满作家的道德理想，它在某种程度上代表作者自己的道德和精神立场，如普希金在《叶甫盖尼·奥涅金》中通过达吉亚娜的形象，阐释了自己心中对于俄罗斯理想女性形象的理解；现实主义还要求刻画典型环境中的典型人物的性格，突出典型情况和冲突。如莱蒙托夫在《当代英雄》(Герой нашего времени)中描述了19世纪初贵族青年的生活，通过毕巧林的命运反映了那个时代知识分子的迷惘和空虚等通病；现实主义作家特别关注人物内心世界和心理变化，透过真实而形象的细节描写感染人，使读者有身临其境之感；主人公不再是浪漫主义中孤傲超凡的英雄，而是平凡的普通人，或许他就是读者身边的同时代人。另外，作者对主人公的态度也是多样的，人物塑造上也不是单纯的正负面之分，比如莱蒙托夫对毕巧林的态度就很复杂，欣赏、怜悯、责难等各种感情糅杂；在题材上，现实主义文学以短、中、长篇小说为主，不过随着时间的推移，三者之间的界限变得不再明显。

俄国现实主义文学的形成稍晚于欧洲。在不到百年的时间里，诞生了众多杰出的文学巨匠和作品，蔚为壮观。在19世纪三四十年代，俄国文学同世界文学先进水平的差距已逐渐缩短。普希金是俄国现实主义文学的奠基人，他的诗体小说《叶甫盖尼·奥涅金》是公认的俄国第一部现实主义文学作品。他的悲剧《鲍里斯·戈都诺夫》(Борис Годунов)、《上尉的女儿》(Капитанская дочка)、《别尔金小说集》(Повести Белкина)反映了典型环境中典型人物的不同命运，“小人物”的不幸遭遇唤起人道主义同情。莱蒙托夫继承了普希金的现实主义创作传统，塑造了另一位徒有过人才华却缺乏生活目标、虚度光阴的“多余人”形象——毕巧林，小说《当代英雄》也开创了俄国社会心理小说的先河。果戈理的《死魂灵》入木三分地刻画了俄国地主的愚昧贪婪、官员的堕落腐化，淋漓尽致地揭露了农奴的悲惨处境和社会现实的黑暗。作品以其深刻的思想内容和鲜明的批判倾向当之无愧地成为俄国现实主义文学的奠基之作。果戈理也因此被别林斯基称作“社会作家”。普希金、莱蒙托夫和果戈理巩固了现实主义创作方法在俄国文学中的地位。现实主义后来又被“自然派”吸收继承，成为俄国文学中最具影响力的流派。

进入19世纪60年代，以“三驾马车”——屠格涅夫、陀思妥耶夫斯基和托尔斯泰的长篇小说为代表的俄国现实主义文学超越了世界文学的先进水平。

屠格涅夫（И. С. Тургенев）的成名作《猎人笔记》（Записки охотника）对改革前的俄国作出了最现实、最富有人情味的描述，之后创作的《罗亭》（Рудин）、《贵族之家》（Дворянское гнездо）、《前夜》（Накануне）和《父与子》（Отцы и дети）无不是在广阔的社会和历史背景之上展开。作者塑造了一系列在历史变革时期找不到出路的堂吉诃德式的“多余人”，也创造了大量俄国优秀妇女形象，更重要的是揭露了农奴制的惨无人道，预示着贵族之家必然灭亡，新人必将出现。屠格涅夫也是第一个走进欧洲文学视野的俄国作家。

陀思妥耶夫斯基（Ф. М. Достоевский）是首位获得世界声誉的俄国作家。他以伟大的艺术开创、深邃的哲学心理分析丰富了俄罗斯现实主义文学。他的《罪与罚》（Преступление и наказание）刻画了一个自认为是“超人”的穷大学生犯罪后的心理变化及其受感化后获得新生的过程。作品揭示了俄国下层人民的艰难生活，讨论了善与恶、自由与必然性、犯罪与道德责任、革命、社会主义、历史与国家哲学等问题，是世界文学史上卓越的社会心理小说。《白痴》（Идиот）对农奴制改革后俄国上层社会作了广泛的描述，基督化身的梅什金公爵也无法用爱来拯救堕落的现代世界。在《卡拉马佐夫兄弟》(Братья Карамазовы)中，作者通过卡拉马佐夫家庭的悲剧揭露了决定整个社会命运的暗流。

托尔斯泰(Л. Н. Толстой)的创作标志着俄国和世界现实主义文学进入新阶段，它在19世纪经典长篇小说与20世纪文学之间架起独特的桥梁。《战争与和平》(Война и мир)在俄国文学乃至世界文学上都是独一无二的现象，它以宏大的历史事件为背景，描述了俄国社会各阶层不同人物的悲喜命运，是一部深刻的注重心理描写的史诗性小说。与之相比，《安娜·卡列尼娜》(Анна Каренина)则具社会现实性。它通过对两个家庭不同命运的描写，探讨了爱情、家庭、伦理、哲学等问题。当然小说也包含不少社会批判成分——是纵容虚伪的社会扼杀了安娜的真实情感，使其走向绝路。《复活》(Воскресение)中道德问题占首屈一指的地位，作者借助女主人公的坎坷经历证明：人在失足后仍可以站起来，在道德上获得新生。

19世纪末，俄国现实主义文学的大旗传到列斯科夫(Н. С. Лесков)、奥斯特洛夫斯基(А. Н. Островский)、契诃夫(А. П. Чехов)、高尔基(М. Горький)手里。他们在短篇小说、戏剧等体裁方面丰富了俄国现实主义文学，加深了对社会政治、哲学问题的探讨。随着19世纪的终结，俄国文学中的现实主义传统逐渐减弱，最终在新世纪被颓废而神秘的象征主义所取代。

18. 莱蒙托夫《当代英雄》的结构特色是什么？

《当代英雄》创作于1838—1840年间。它是莱蒙托夫(М. Ю. Лермонтов)一生创作的总结，也是俄国文学史上第一部社会心理小说，不仅成功地刻画了19世纪30年代俄国社会悲剧性的一面，也以其独特的艺术特点革新了传统小说的创作手法。

《当代英雄》的结构独具一格。小说没有完整的贯穿全文的主线，也没有连贯的故事情节，整部作品看似五个片段的拼凑。莱蒙托夫似乎有意地将小说分成客观性叙事和主观性叙事两部分：前者通过一个旅行军官的日记(《贝拉》Бэла、《马克西姆·马克西姆维奇》Максим Максимыч、《毕巧林日记序言》Предисловие к «Журналу Печорина»)从外部客观地叙述了毕巧林的经历；后者则通过毕巧林自己的日记(《塔曼》Тамань、《梅丽公爵小姐》Княжна Мери、《宿命论者》Фаталист)从内部主观地描述人物精神世界。莱蒙托夫的这种结构安排实际上是普希金传统的延续，作者有意将主人公的形象神秘化，在错综复杂的情节中引发读者对主人公性格的好奇和猜想。随着时间和场景的不断交替变换，主人公的性格也不断变化，留给读者的疑惑也越多，思考和想象空间也随之增大。这样一来，读者就能从较深的心理层面读懂毕巧林的性格和个性，猜到他的内心想法。换言之，这种结构安排可使小说在内容上深刻有趣，在情节上引人入胜。若从内部分析这五个片段，也不难发现作者的匠心独运：前四部分都是讲述毕巧林如何成为"他人的不幸"的，作者重点强调了主人公"多余人"的一面。但在最后一章《宿命论》中，毕巧林主动请缨捉拿杀死乌里奇的哥萨克醉汉，任凭枪声在耳边响起，子弹撕下他的肩章，都丝毫没有胆怯，勇猛矫捷地冲进硝烟弥漫的黑屋，生擒十恶不赦的罪犯。莱蒙托夫为毕巧林大无畏的英雄行为写下浓墨重彩的一笔，也是在小说的结尾肯定了毕巧林不愧是"当代英雄"，作者对主人公的感情和态度也最终在此变得明晰。

小说打乱了故事发生的时间顺序，这不得不说是《当代英雄》的又一突出结构特点。如果按时间先后排列，小说的故事发展顺序本应如此：毕巧林与迷人少女在塔曼城的奇遇(《塔》)；毕巧林和格鲁什尼茨基对梅林公爵小姐的追求，以及由此引发的决斗(《梅》)；毕巧林对乌里奇死亡预言的成真(《宿》)；给高加索少女贝拉带来毁灭的爱情(《贝》)；毕巧林与马克西姆·马克西姆维奇在弗拉季高加索的见面(《马》)；毕巧林的结局(《毕》)。然而小说中的时间先后顺序被打乱，小说的叙述者一直在变化：先是马克西姆讲述毕巧林生活中的一段故事，再是作者(即旅行军官)讲述他同毕巧林的邂逅，最后是毕巧林讲述自己的经历。这使得读者能以不同人的视角去了解主人公的活动、思想、感情和性格特点，这些次要人物也从侧面衬托出毕巧林的性格：马克西姆·马克西姆维奇和毕巧林形成鲜明对比，他拥有"金子般的心"；格鲁什尼茨基和毕巧林相似，也是个利己主义者，但他却能在庸俗的社会里如鱼得水；医生魏纳好似另一个毕巧林，他才华出众，言语尖刻。小说中的女人性格各异：高傲热情的贝拉，浪漫的梅丽公爵小姐，还有为爱义无反顾的维拉。她们拥有共同的特点——愿为自己所爱的人牺牲一切。当他们遭遇极度自私的毕巧林时，命运的悲剧就在所难免了。所有这些人物就像一个多棱镜，从不同角度折射出毕巧林性格的复杂性和矛盾性，使读者在对比中更清晰地感受主人公的精神世界。但是又没有一个视角能够清楚地解释毕巧林复杂而矛盾的性格和个性。莱蒙托夫用这种方式巧妙地将小说故事的紧张性转移到主人公的内心生活，从而引起读者对作品主人公内心世界的关注。他像一位天才心理医生，为病态的时代把脉，在看似零乱的结构中突出了典型环境下典型人物的性格。

19. 莱蒙托夫抒情诗的题材分类有哪些?

杀死"俄罗斯诗歌太阳"普希金的一声枪响,宣告了俄国另一位诗歌天才——莱蒙托夫的诞生。

莱蒙托夫一生共创作了四百余首诗歌。他继承了普希金的公民诗传统,作品充满了对自由的呼唤、对同时代人的思考和对祖国命运的担忧。社会历史问题是他诗歌的一大主题:《诺夫哥罗德》(Новгород)是献给被流放的十二月党人的诗歌。诗人为革命者的"意志消沉"感到伤感,预言"你们的暴君将覆灭"!诺夫哥罗德是古罗斯的自由之城,十二月党人常在自己的诗歌中把它当做自由的象征来歌唱。莱蒙托夫接过革命者的号角,将自由精神继续传唱。哀诗《沉思》(Дума)像一首干枯的安魂曲,唱出了诗人对"一代人"的悲哀:"我们对善和恶都可耻地漠不关心","在危难面前是——怯懦地畏缩犹疑","在权力面前是——下流卑贱的奴才"。对祖国的爱和对庸俗时代的恨构成了诗人内心的矛盾:"当烈火般的热情在血液中沸腾时,在心中主宰的却是一种神秘的寒冷"。这种矛盾最终使得莱蒙托夫对未来丧失信心,对幸福不再抱有希望。1841 年,诗人在临去高加索前创作了《别了,满目污垢的俄罗斯》(Прощай, немытая Россия),挥别"奴隶的国土、老爷的国土"和"委身于权贵的人们",这也成为莱蒙托夫在彼得堡的绝唱。

叛逆与孤独是莱蒙托夫诗歌永恒的主题。他的主人公大多性格孤傲超凡,忧郁中带着躁动,与周围世界格格不入。反抗上帝、被永世流放的天使——恶魔是诗人最喜爱的形象(《Мой демон》,1829)。莱蒙托夫的一生也犹如"恶魔",叛逆而孤独,充满悲剧色彩。他的不幸并非来自生活的挫折,而是因为他将世间的邪恶和不公当成自己人生的苦痛，却又不得不与之妥协。《帆》就是这种心情最真实的写照：

它不是要寻找幸福，
也不是要逃离幸福的乐疆！
……
不安分的帆儿却祈求风暴，
仿佛风暴里有宁静之邦！

在《我独自一个走上了广阔的大路》（Выхожу один я на дорогу）中，莱蒙托夫创造出了一种全世界的孤独感。但在这种孤独感中没有了诗人早年的沮丧和忧郁。此刻的诗人早已远离人群，他倾听星语，感受着天空与大地的美丽，自由的灵魂在宁静中变得敞亮，“我在寻求着自由，寻求着平静！我想要茫然地进入沉沉的梦乡！”类似的诗歌还有《孤独》（Одиночество）、《悬崖》（Утёс）、《叶》（Листок）等。

莱蒙托夫在诗歌中延续了普希金对诗人和诗歌使命的思考。在《诗人之死》中，莱蒙托夫声讨了杀死普希金的真正凶手，将普希金塑造成孤独而无畏的勇士：他“带着复仇的无用渴望，带着被欺骗的希望留下的隐秘的憾念”，在反抗“世人的舆论”中倒下。莱蒙托夫在《剑》（Кинжал）中托物言志，将诗人比作“光亮而寒冷的”短剑，在战斗中“复仇”，争取人的最高价值。在《不要相信自己》（Не верь в себе）中，诗人阐述了“诗人与群盲”的关系。《预言家》（Пророк）则揭示了诗人悲剧性的根源。

爱情诗在莱蒙托夫的诗歌创作中占重要地位。他早期的爱情诗有明显模仿拜伦和普希金的痕迹。《致 Л.》（К Л.）的副标题就是“仿拜伦”。诗人的爱情是转瞬即逝的美好，更是相思的折磨与离别的苦痛。多年以后，心中仍然反复"念诵着一句话：我爱、我爱一个女郎！"这与《致凯恩》有着异曲同工之妙。莱蒙托夫在《1831 年 6 月 11 日》(1831-ого июня 11 дня)中满怀热情地写下对爱情的感知和态度：

我不能把爱情的意义限定下来，
但它确是一种最强烈的热情！——爱
它和我真正是一刻也不能分离；
我爱过，集中了我全部的精力。

诗人早期对爱情充满向往和执着，不过这一切很快被忧郁和苦痛取代。在他后期的创作中，爱情总是和背叛、死亡和恐惧相连。《死人的爱》(Любовь мертвеца)中的抒情主人公预感到他的爱人要变节，从而威胁她。在他 1841 年创作的一首无题诗(这首诗本是莱蒙托夫对海涅的《他们两人彼此相爱，但谁也不》一诗的自由翻译，但完全改变了原诗的内容和主题，"译文"变成了重新创作)中，男女主人公彼此相爱，但在这个世界注定无缘。终于"死神来到了，地下有了见面的机缘……但在新的世界里他们却彼此陌生"。

莱蒙托夫的许多诗歌是献给祖国的。他继承了拉季舍夫和普希金的理念，渴望看到繁荣而自由的俄罗斯。在历经生活的种种磨难后，诗人对祖国的认识变得平淡而朴实：它是"草原上过夜的大队车马"；它是"堆满谷物的打谷场"；它是"闪着微光的白桦"(《祖国》Родина，1841)。在《云》(Тучи)中，诗人将自己的命运同云正反对比，流放者对北国的思念溢于言表：

天空的行云啊，永恒的流浪者！
你们，逐放的流囚，正同我一样，

……

你们是永远冷漠、永远的自由，
你们没有祖国，也不会有逐放。

20. 简析长诗《恶魔》和《童僧》中的主人公形象。

莱蒙托夫的长诗《童僧》（Мцыри）创作于1839年。作品主人公无法找到心灵的避难所，充满了莱蒙托夫式的孤独感和漂泊感：一个被修道院收留成为童僧的高加索少年，常年过着囚徒般的生活。在自由的召唤下，他逃出修道院，去寻找记忆中的故土，但命运之手把他领向通往死亡的路……被人抬回修道院的童僧在临死之际向长老倾吐心中积郁，回忆了出逃三天的奇遇。

长诗的卷首语暗示了童僧的性格："我实在吃了一点蜜尝了一尝，这样我就可以死了。"这段改编自《圣经·撒母耳记》的卷首语蕴含象征意义，道出了童僧对自由的渴望，也暗示了他悲剧命运的必然性。童僧是一个极富浪漫主义英雄色彩的人物，性格叛逆，具有强烈的反抗精神。他一生追求自由，两次被俘并未使他屈服，心中火热的激情驱使他像山鹰一般去战斗，毫不妥协地为了自由而斗争。但这个孤儿最终未能挣脱命运的牢笼，悲剧性地客死他乡。修道院是被奴役的象征，高墙代表了受限的生活空间，童僧在获得短暂自由后又被葬于修道院的花园，这更加重了人物的悲剧色彩。童僧的悲剧性不在于他没有找到通往自由的道路，而在于这条"路"根本不存在。

《恶魔》（Демон）创作于1841年。长诗取材于圣经神话，一个反抗上帝的天使被谪放出天国，成为恶魔。他失去了信仰，没有了爱憎，漂泊在人世间。格鲁吉亚新娘塔玛拉使他"心中又体验到爱、善、美的神圣”。为了得到幸福，奸黠的恶魔用狡猾的幻觉扰乱了新郎的心，使他在战斗中身亡。悲痛绝望的塔玛拉落发为修女，但恶魔并没有停止诱惑她。最终“罪恶的精灵胜利了”，他的亲吻让致命毒液渗入塔玛拉的心胸。天使带走了塔玛拉的灵魂，恶魔又开始了孤独的游荡。

恶魔是一个极具矛盾性的浪漫主义传奇人物。他是“认识和自由的皇帝”，却无法认清悲剧的根源，“高傲智慧”带给他的只有无尽的痛苦。存在的无意义感使他备受煎熬，整日郁郁寡欢。他鄙视神圣的权威，否定世界，是个十足的怀疑论者和虚无主义者。他渴望真善美的爱情，但他的幸福却建立在他人无尽痛苦的基础之上。尘世和天国的美好都治愈不了恶魔的悲伤，他注定要受尽折磨与孤独。

21. 简析《死魂灵》中的地主形象。

果戈理（Н. В. Гоголь）的长诗《死魂灵》（Мёртвые души）描述了19世纪初俄国社会各阶层的生活，塑造了一系列愚昧庸俗、贪婪空虚的俄国地主形象。

玛尼洛夫（Манилов）是小说主人公乞乞科夫（Чичиков）拜访的第一个地主，“只有老天爷才能够说得出玛尼洛夫是一种什么性格的人”。作者在开篇就直接道出了这位地主难以揣测的性格。他的举止和措辞中流露出十足的阿谀谄媚劲儿。跟他聊天的头一分钟你会觉得心旷神怡，但是你马上就会发现，他是个缺乏个性的人，言谈极端贫乏 。总之，他是个没有灵魂、内心空洞的人，嘴里说不出半句“生气勃勃的话”。作为一个地主，玛尼洛夫并不精明。他完全不会，也懒得管理自己的田产和农奴。他从来不去察看自己的庄稼长势，也不知道自家到底有多少农奴。玛尼洛夫是个十足的幻想家，他每天最爱做的事情就是沉思。有时望着屋前的池塘，他会突发奇想：要是从屋前修一条地下通道，或者在池塘上架一座桥，桥两边开小店，兜售农民需要的杂货，“那该多好啊”！每每想到这些，玛尼洛夫的眼睛就充满甜蜜，心中的满足感就到了顶点。可是这些总是停留在设想，从未付诸过实际。玛尼洛夫对待生活的主要态度就是将就和凑合。他那两年前就夹在一本书第十四页的书签，充分暴露了他无所事事的生活方式和精神上的空虚。乞乞科夫走后，玛尼洛夫又陷入了长久的幻想。他甚至想到以后和乞乞科夫坐着漂亮的轿式马车去拜访各类名流，以至有一天国君都知道了他们的友谊，所以赐给了他们将军头衔……玛尼洛夫后来逐渐成为空想迷的象征，人们还将这种耽于幻想、消极面对现实的性格称之为“玛尼洛夫习性”（маниловщина）。

柯罗博奇卡（Коробочка）是乞乞科夫拜访的第二个地主。这个形象的原型是俄国民间故事里的老妖婆（Баба-яга）。她善于精打细算，胆小怕事，疑心重，性格倔强。她只关心看得见摸得着的生活琐事，以至于很长一段时间内无法理解卖死农奴这件事。如果说玛尼洛夫是个挥霍钱财的地主，那么柯罗博奇卡则是有着强烈攒钱发财欲的地主。她善于打理家产，能将自己死去的农奴名字倒背如流。只要是自己领地上的东西——猪油、禽类羽毛、农奴，她都想方设法拿去交易。她把自己的钱物都放在袋子里，小心翼翼地藏着。家中的一切也都按旧式规矩布置，井井有条。柯罗博奇卡的本质在做买卖时最能体现。她生怕自己贱卖了死农奴，拼命和乞乞科夫讨价还价。不过她终究是农奴制体制下封闭的愚钝小地主。小说的结尾，她去城里探听死农奴到底能值多少钱，本想着多赚点小钱，殊不知笨拙的行为让自己的小算盘也落了空。作为地主，科罗博奇卡可能比玛尼洛夫更强，但本质上她与玛尼洛夫相似——灵魂都无可救药。

诺兹德廖夫（Ноздрев）是乞乞科夫找的第三个卖家。这是个“爱夸夸其谈，狂饮作乐的年轻汉子”。他的世界里没有过去，也没有将来。他只图当下享乐。他做事毫无目的和计划，从未将任何事业坚持到底过。在他的生活里，凡事都可以变成节日，总有纵情玩乐的理由，纸牌和猎犬是他的最爱。他撒谎成性，随时准备“加害”身边的人，对闹剧乐此不疲。他对卖死农奴不感兴趣，却很想把公马和手风琴卖给乞乞科夫，随后又要求乞乞科夫和他拿农奴做赌注玩跳棋。当乞乞科夫识破骗局表示反抗时，他甚至命令仆人去殴打这个不听劝告的客人。总之，诺兹德廖夫是个完全没有任何道德底线的地主，作者讥讽地称之为“历史性人物”。

索巴克维奇（Собакевич）在俄国文学地主形象画廊里占有重要位置。“吝啬鬼！还是个骗子！”——这是乞乞科夫对他的评价。索巴克维奇也是个善于积攒的地主，他个性贪婪残酷，善于榨干农奴的最后一滴血汗。他的村子很大，装饰奢华，不过所有的建筑看起来都很笨重。在作者眼中，索巴克维奇体型敦实，神态笨拙，“看上去也像只狗熊”。索巴克维奇对生活的态度也和动物相差无几。他没有什么精神需求，远离梦想、哲学和所有高尚情怀。他生活的主要意义在于填饱肚子。他否定和文化相关的一切事物，“启蒙运动就是骗人的鬼话”。和柯罗博奇卡不同的是，他很会审时度势，精于察言观色，一眼就识破乞乞科夫的真实来意。他认准这是桩有利可图的买卖，厚颜无耻地漫天要价——一个死农奴一百卢布，并使劲吹嘘自己的死农奴生前是如何的优秀能干。果戈理通过索巴克维奇的形象强调,这样贪得无厌、粗野低俗的人在俄罗斯遍地都是,不光是外省农村,京城也不例外,整个俄罗斯都是“骗子成群”的地方。

泼留希金(Плюшкин)是《死魂灵》地主形象画廊中的最后一位,他的原型可以在普拉图斯和莫里哀的喜剧或巴尔扎克的小说中找到。然而,果戈理笔下的主人公归根结底还是纯粹的俄罗斯生活的产物。曾几何时,泼留希金是个顾家的聪明人,对朋友也好善乐施。然而家庭的变故彻底将他的精神击垮,改变了他对人的态度。他开始毫无节制地追求物质财富积累,失去对事物真正价值的判断能力。最终沦落成一毛不拔的吝啬鬼,一个完全丧失灵魂、无情无义的守财奴。如果说索巴克维奇的财富积累欲是贪婪粗俗的表现,那么泼留希金的这种欲望就是灵魂死亡后的麻木表现:他的庄园毫无生机,农奴大批饿死,他却对此漠不关心。他最大的喜好是在街上捡东西,家里堆满了各种破烂。他用酸臭发霉的面包招待客人,还让仆人把面包上的霉层刮掉去喂鸡。“一个人竟然能够堕落到如此渺小、狭隘、下流的地步”,作者不禁发出悲叹。泼留希金的悲剧归根结底是灵魂孤独的表现,他害怕未来,和果戈理同时代的任何人一样,他在前途面前是无助的。所以他要把落到手中的任何东西都牢牢抓住,他在乎的只是“捡”或“攒”这个过程,而非达到发财这个结果。泼留希金身上最能反映俄国地主宗法制生活的衰败。

《死魂灵》中的五个地主形象有着许多共性:毫无人性、好逸恶劳、精神空虚、庸俗下流。在塑造这些地主形象的同时,果戈理也向世人揭开并谴责了滋生罪恶品质的社会土壤——农奴制体制。

22. 浅析果戈理创作中的怪诞因素(以《鼻子》、《外套》等为例)。

果戈理是俄国现实主义文学的奠基人,他加深了俄国文学的社会批判性,另一方面他的作品中有不少幻想和荒诞的成分,使他的创作具有超前的现代主义色彩。小说《鼻子》(Нос)和《外套》(Шинель)就体现了这一点。

《鼻子》是一部极富艺术表现力的幻想小说,情节荒诞不经。八品文官科瓦廖夫(Ковалёв)醉心于官衔和地位,终日盘算着如何谋得"体面的职位",幻想找个富有的新娘。一天早晨,他突然发现鼻子不见了。更荒诞的是,他的鼻子竟然摇身一变,成了五品文官,趾高气扬地坐着马车穿梭于彼得堡大街小巷,甚至还去喀山教堂做礼拜。最让人不解的是,周围人都对这个怪诞的形象毕恭毕敬。费尽一番周折后,鼻子终于回到主人的脸上。科瓦廖夫又继续做他的升官发财梦。果戈理用荒诞的形式揭露出时代的痼疾:人们畸形地膜拜官衔和社会地位,忽视了对人、对生命的尊重。在那个时代,官衔决定了人的尊卑,即使穿制服和带官衔的是个"鼻子",仍然改变不了人们对它卑躬屈膝的态度。谁要是想出人头地,只需谋得个好官差就行。所以科瓦廖夫一直奔波在追求称号的道路上,而鼻子则承载了他的所有梦想。没有了鼻子,他就失去了在社会上取得成功所必需的庄严外表。失去鼻子的他就像一只掉了尾羽的孔雀,惶惶不可终日,不知所措。果戈理用怪诞的情节和形象揭露出本身就充满荒诞的社会。

《外套》描写了小官员的悲惨命运。小说的主人公巴施马奇金存在的意义就是抄写各种无聊的文书。他的生活暗淡无光。

添置一件新外套是他人生的主要目标。在巴施马奇金的世界里，外套不再是御寒的衣物，而是人的身份和地位的象征。他因为没有一件像样的外套受尽侮辱和嘲笑，而当他倾尽财产做了一件新外套后，立即受到同事的热情款待，他体会到了前所未有的做人的尊严。但好景不长，外套当晚被抢，他在申诉无门后绝望地死去。小说的主体部分是个再平常不过的苦难写实故事，而在结尾处果戈理运用幻想，提升了作品主题——死去的巴施马奇金变成复仇的幽灵，在夜间出没，他"不问官职和身份，从一切人的肩上剥掉各种外套"。巴施马奇金在现实生活中受尽侮辱和损害，对待任何人都是唯唯诺诺，面对不公从来都是忍气吞声。是冷漠的现实生活把小人物逼上绝路，将懦弱的灵魂逼成强大的幽灵，他将生前心中积攒已久的对社会的不满统统发泄在死后的黑夜，他报复了所有人。"小人物"内心的反抗精神终于通过怪诞的形象和情节获得表现，果戈理用这种怪诞和幻想的手法有力地控诉了社会的不公和人情的冷漠。

除了《鼻子》和《外套》，果戈理的其他作品中也充满了荒诞和幻想的成分，小说集《狄康卡近乡夜话》和《密尔格拉德》（Миргород）中的绝大多数作品都是如此。果戈理创作中的幻想和怪诞手法是俄国文学现实主义基础上的一次突破，对后来的俄国作家，乃至其他国家作家都产生了深远影响。陀思妥耶夫斯基的《群魔》（Бесы）、契诃夫的《第六病室》（Палата №6）、别雷的《彼得堡》（Петербург）、布尔加科夫的《不祥的蛋》（Роковые яйца）都在不同程度上继承了他的幻想和怪诞创作手法，卡夫卡的《变形记》和果戈理的《鼻子》的情节如出一辙。

23. 赫列斯塔科夫形象简析。

伊凡·亚历山德罗维奇·赫列斯塔科夫(Иван Александрович Хлестаков)是果戈理喜剧《钦差大臣》(Ревизор)的主人公。果戈理在剧前的"人物性格和服装"介绍中三言两语勾勒出他的形象:23岁左右的年轻人,细细的,瘦瘦的;有点傻,就是所谓的头脑里没有主宰。他就是衙门里被称作空虚透顶的那类人,说话和行动从不经过大脑。他不能将注意力持续集中在某个念头上。他的言辞是零零落落、断断续续的,话脱口而出,完全令人意外。

就这样一个再普通不过的彼得堡浪荡子,在外省竟然被人当做钦差大臣。小城里的所有官员生怕劣迹败露,个个做贼心虚,从各方面巴结讨好他,对他阿谀奉承,倾尽全力为他解决各种问题,还竭力向他行贿;上流小姐和夫人向他献殷勤,为他争风吃醋,市长甚至想把女儿嫁给他,以求飞黄腾达。他最终还是害怕真相暴露,在享尽了各种"钦差大臣"的礼遇后逃之夭夭。

赫列斯塔科夫是个典型的只知吃喝玩乐的贵族纨绔子弟,他身上体现了许多人爱虚荣、说假话通病。他轻浮浅薄,就爱天花乱坠地瞎吹牛,若是有几个听众,他撒谎就更带劲,都管不住自己的舌头,一发不可收拾。赫列斯塔科夫在市长家将吹牛绝技发挥到极致:他说自己和普希金是好朋友,部里人都给足他面子;平时靠写作为生,写过包括《费加罗的婚礼》在内的不少大作;他的房子在彼得堡是数一数二的,家里经常高朋满座,和外交总长、各国公使打牌是常事;他还炫耀某局局长位置长期空缺,许多将军争着去谋这个缺都做不成,后来35 000个信使恳求他去做局长,最后他还是碍于沙皇的面子才去接手。除了爱吹牛和撒谎外,赫列斯塔科夫身上还有普通人的贪婪和无耻。他从不拒绝官员们的行贿和巴结，甚至有时还主动向他们“借钱”，有时把车钱直接记在“公家账上”。面对卖弄风情的市长小姐，他也不失时机地假戏真做，与之调情并求婚。

果戈理在《钦差大臣》首映前给演员的信中写道：“赫列斯塔科夫只不过有点傻，他听到或者看到什么，就胡说什么；他撒谎，只不过是因为早饭吃撑了，还喝了几杯好酒。一见到女士就坐不住了。”按果戈理的话说，赫列斯塔科夫是个“善良的小人物”，他不是恶毒的强盗，也不是狡猾的阴谋家，他身上没有凶狠和险诈的品质。他只不过按照上流社会的法则在生存，他是时代的产儿。作者在剧中没有谴责这个纨绔子弟，因为这种“赫列斯塔科夫气质”——厚颜无耻的、不可遏制的吹嘘习气是所有人的通病。正如果戈理说的，“我们每个人，或多或少都做过，或者正做着赫列斯塔科夫干过的事”。

24. 略论果戈理在俄罗斯文学中的地位。

果戈理是19世纪俄罗斯文学批判现实主义的奠基人之一，是俄罗斯“自然派”鼻祖。别林斯基称其为19世纪三四十年代“俄国文坛盟主”，车尔尼雪夫斯基称之为“俄罗斯现实主义小说之父”。他继承和发扬了普希金的文学创作传统，翻开了俄罗斯文学新的一页。

果戈理加深了俄国文学批判倾向，使之成为俄国文学主导倾向。他刻画社会反面典型，嘲讽俄国官僚和地主，在《钦差大臣》中将俄罗斯所有的丑恶糅成一堆，进行了无情的嘲弄。在《鼻子》中，果戈理通过八等文官科瓦廖夫丢掉鼻子的怪诞情节，讽刺了官吏们不择手段追名逐利的丑恶心态。果戈理的创作中充满对“人”的痛惜，对受辱者尊严的痛心和对在现实条件下不能将光明和仁爱的理想化为现实的痛苦。他的创作就是在每个人身上寻找人性的过程。对俄罗斯无情批判的背后也隐藏着对祖国无比忠诚和热爱的心。

果戈理将俄国小说创作推向一个新阶段，使俄国文学进入小说成就超越诗歌成就的时代。果戈理之前的文学创作成就主要集中在诗歌领域，特列季雅科夫斯基、罗蒙诺索夫、杰尔查文、茹科夫斯基均以诗歌见长，普希金更是将诗歌推向极致。果戈理改变了这一状况，从《狄康卡近乡夜话》到《密尔格拉德》再到《小品集》，每部作品中他都塑造许多经典人物形象。作为一个公民作家，果戈理在对社会黑暗的揭露，对小人物的同情，对善与美的探寻中逐渐成熟，最终完成了19世纪俄国批判现实主义文学的扛鼎之作《死魂灵》，奠定了小说在俄国文学中的主流地位。

果戈理加强了俄国文学的民族独立性，结束了俄国文学的模仿和拟作时代。俄罗斯文学在普希金时代有了自己的民族性和独特性，果戈理将这一传统发扬光大。他从俄罗斯大地汲取养料，致力于描写俄国生活，任何一部作品都是对俄罗斯生活的如实复制：《狄康卡近乡夜话》和《密尔格拉德》是小俄罗斯宗法制农村社会的缩影，《小品集》是京城官场现形记，《死魂灵》则是“当代俄罗斯最可怕的忏悔录”，是继《叶甫盖尼·奥涅金》之后的又一部“俄国生活百科全书”。

果戈理开启了俄国文学中的人道主义关怀，他怀着巨大的同情心描写社会下层小人物的悲惨命运，为人民伸张正义。在《外套》中，果戈理对剥夺了一切的“小人物”给予了深厚的人道主义同情和关怀，在幽默的叙述中，在愚蠢的笑声中，流淌着作者对弱者同情的眼泪，小说荒诞的结尾也是对社会不公的最好控诉。

果戈理还将乌克兰民间传说、口头故事、神话等文学形式融入俄罗斯文学。在《狄康卡近乡夜话》中，他歌颂了乌克兰多彩的民间生活，展示了乌克兰人民勇敢、忠诚、纯洁、向往自由的性格。他还从乌克兰语中汲取灵感，借鉴乌克兰的词汇和表达方法，丰富了俄语和俄罗斯文学。

果戈理对俄罗斯文学的后续发展产生了巨大影响，他的“道德宗教探索”在陀思妥耶夫斯基、托尔斯泰、谢德林、布尔加科夫的创作中得到了继承。即使在当代俄罗斯作家的创作中仍有果戈理的印迹。

25. 什么是“自然派”？

自然派（натуральная школа）是19世纪40年代俄国文学中的一个流派，形成于1842—1845年间。“自然派”最初是布尔加林（Ф. В. Булгарин）对追随果戈理的青年作家的贬称，后经别林斯基的反复阐述，成为俄国早期批判现实主义流派的别称。后来的文论家又重新定义了自然派——坚持果戈理现实主义原则和别林斯基美学的作家群体。

自然派遵照果戈理的创作方向，忠实自然现实，无情地揭露社会黑暗，在题材民主化和语言大众化方面做出贡献。他们站在俄国文学的最前哨，抨击农奴制。他们同情小人物的不幸遭遇，抨击都市文明的阴暗面，嘲笑官吏。他们还善于刻画“多余人”形象，号召妇女解放。

格里戈罗维奇（Д. В. Григорович）是自然派早期的代表性人物。在他的创作中可以明显感觉到果戈理的影响。《彼得堡流浪乐师》(Петербургские шарманщики)是其成名作。作品描述了街头艺人凄凉的生活,作者在同情“小人物”不幸遭遇的同时也批判了他们的拜金思想。给格里戈罗维奇带来巨大声誉的小说《苦命人安东》(Антон-Горемыка)描述了一个被权贵逼上绝路的中年农民的悲惨命运。格里戈罗维奇的不少作品是反映农民生活的。这些作品不仅展示了农民的细腻感情,还描写了农民的日常劳作,揭示了农民和地主的关系,与屠格涅夫的农民题材小说相比,他的作品更有“庄稼汉气息”。

赫尔岑(А. И. Герцен)的小说《谁之罪?》(Кто виноват)和《偷东西的喜鹊》(Сорока-воровка)被别林斯基称作自然派的杰作。《谁之罪?》讲述了三个年轻人之间的感情纠葛,用批判现实主义的创作方法真实地再现了当时俄国的社会生活,同时塑造了“多余人”别里托夫(Бельтов)这一形象。作者认为,在悲剧面前,谁都没有罪,有罪的是专制农奴制。纵使主人公有再高的才华,怀有再“宏伟的抱负”,他在病态的社会里也找不到出路,只能在饱尝了智慧的痛苦后选择离开。《偷东西的喜鹊》回答了“为什么俄罗斯没有伟大的女演员”这一问题。女农奴阿涅塔(Аннета)从小在开明的地主家受过良好的教育,是个极富天赋的演员。后因反抗自己的新主人受到排挤和压迫,最后悲剧性地结束了自己的一生。赫尔岑在小说中展示了令人发指的农奴制,揭示了身处绝境的农奴的悲惨生活,呼唤捍卫人的尊严和反抗压迫的权利。《偷东西的喜鹊》中涉及的许多社会问题都令自然派作家深感不安。赫尔岑不仅是伟大的现实主义作家,还是自然派杰出的理论家。他和别林斯基一并促进了俄罗斯批判现实主义文学的发展。

屠格涅夫在早期创作的短篇小说集《猎人笔记》(Записки

охотника）也是自然派的经典之作，带有强烈的反对农奴制倾向。作者为俄国地主们画了一系列独特而逼真的肖像：这里有自命不凡的茨费尔科夫（Зверков）（《叶尔莫莱和磨坊主妇》Ермолай и мельничиха），恣意妄为、穷凶极恶的彼得·伊里奇（Пётр Ильич）、伯爵（《莓泉》Малиновая вода），千方百计折磨农民的科莫夫（Комов）（《独院地主奥夫谢尼科夫》Однодворец Овсянников）。屠格涅夫在《猎人笔记》中还关注农民丰富的内心世界，展现农民美好的精神面貌。这比单纯的描写农民的苦难生活要高明得多，使读者在美与丑的对比中情不自禁地去思考这种不协调情景的社会根源。《猎人笔记》也并非仅限于农民题材，如《县城的医生》（Уездный лекарь）续写了果戈理笔下的"小人物"，与陀思妥耶夫斯基的《穷人》（Бедные люди）有许多相似的特征。

自然派是俄国19世纪四五十年代极具影响力的文学流派，几乎所有当时的著名作家都能归入其阵营。屠格涅夫、陀思妥耶夫斯基、格里戈罗维奇、赫尔岑、冈察洛夫、涅克拉索夫、车尔尼雪夫斯基、萨尔蒂科夫-谢德林等都是果戈理创作风格的追随者。正如陀思妥耶夫斯基所说，"我们所有人都脱胎于果戈理的《外套》"，这句话尤其适用于自然派作家。

26. 长诗《谁在俄罗斯能过上好日子》标题的思想内涵是什么？

《谁在俄罗斯能过好日子》（Кому на Руси жить хорошо）是涅克拉索夫（Н. А. Некрасова）创作的高峰，被称作"俄国农民生活的百科全书"。作者将多年在民间所见所闻和对农民的认识都写入这部作品，真实地再现了农奴制改革后农民的生活。

“谁在俄罗斯能过好日子”？作者之所以采用这样一个书名，有其特殊用意。一方面可突出民间口头文学特色，另一方面还可麻痹出版检察机关。不过，作者的发问蕴含着更深刻的含义。

长诗由一系列相对独立的故事组成。七个刚从农奴制度下获得“解放”的农民争论“谁在俄罗斯能过好日子”。几人争执不休，故决定漫游俄罗斯，去寻找真理、追求自由，并想法摆脱现有的悲惨境地。这七个旅行者是俄国人民的典型代表，他们旅行的目的实质上是揭开农奴制改革的真相。他们一路上询问了许多人，神父、地主、农民都感到不幸福。而且每个人对幸福的理解都不同：神父认为安宁、名声和财富是幸福，而这些他都没有；地主认为穷奢极欲的生活和对农民肆无忌惮的欺凌才是幸福，然而这种日子也一去不返；农民亚金（Яким）不仅没有幸福可言，反而比以前更痛苦：

干活的时候只有你一个，
等活刚干完，看哪，
站着三个分红的股东：
上帝、沙皇和老爷。

老农萨维里（Савилий）的命运更悲苦，他年轻时因反抗地主被关进监牢，又服了20年苦役，再加20年流放，他临终时说：

男子汉面前有三条路：
酒馆、苦役、坐监牢；
妇人面前有三个绳套：
白绫、红绫和黑绫，

任你选一条，
把脖子往里套！

在男人中间他们找不到幸福的人，于是他们又在妇女中寻找。玛特辽娜·季莫菲芙娜(Матрёна Тимофеевна)是成千上万个俄国受苦农村妇女的代表，七个旅行者想在她身上寻找幸福，却得到“不要在女人中间把幸福的人儿找”的回复。

旅行者在漫游全国后还是没有找到“不挨鞭子省”、“不受压榨乡”、“不饿肚子村”。很显然，涅克拉索夫在书名中想表达的是谁在俄罗斯都没好日子过！农奴制改革后，农民仍无幸福可言。所谓的“解放”不仅没给人民带来半点幸福，反而被“剥了个精光”。改革只是骗局，农民的幸福只是“破烂和补丁的幸福，罗锅和老茧的幸福”。如果说长诗的前半部分是在回答“谁之罪”，那么后半部分则回答了“怎么办”。面对痛苦的处境，有的农民去外地“沿街乞讨”，他们只会“绝望地摊开双手”，不会进行任何斗争；也有奋起反抗的人，如格利沙·杜勃罗斯克洛诺夫(Гриша Добросклонов)，他是诗人高度歌颂和赞扬的对象，热爱祖国，同情被压迫者。他和农民们一起劳作、一起欢乐、一起唱歌。他有着高尚的理想，想用革命方式改变不公的体制。他是时代的勇士，即使苦役和死亡都威胁不了他：

命运给他准备下了：
光荣的路程，
人民辩护者的名声、
肺病和流放西伯利亚。

格利沙是这部长诗中唯一幸福的人，因为他理解生活的意义在于为人民的幸福而斗争。他知道自己的祖国“命中注定还要遭受重重磨难”，然而他深信，自己所献身的事业一定会取得胜利。因此，他感到“胸中澎湃着无限的力量”，他在全村宴上高唱：

亿万大军

正在奋起，

无敌的力量

终将取胜！

涅克拉索夫通过格利沙这一形象，回答了长诗提出的问题——谁在俄罗斯能过好日子？诗人在他身上看见一股兴起的强大力量，它是人民的希望，也是幸福的源泉。正如诗人所说，只有为人民的利益和幸福献身的人才是最幸福的。

27. 简析涅克拉索夫笔下的“俄罗斯妇女”形象。

俄罗斯妇女是涅克拉索夫的许多抒情诗和长诗的主人公。她们是典型的俄罗斯民间审美观中的美女：脸儿绯红，身儿周正，个子高挑。她们有女皇的步态和目光，举手投足间显出优美的活力。她们内心也同样美丽，温柔善良、忠诚坚贞、吃苦耐劳。她们命途多舛，历经磨难，“只有没有心肝的人，才不会为你哭泣”。如果说普希金和屠格涅夫笔下的美好妇女形象是通过爱情来表现的，那么涅克拉索夫作品中的妇女的高贵品质则是通过生活的磨难来体现的。

达丽亚（Дарья）是《严寒，通红的鼻子》（Мороз，красный нос）中的女主人。她是盛开的鲜花，穿什么衣服都美丽。她身体健壮，勤劳能干，割麦、砍柴、耕田、纺织、缝纫乃至修理镰刀样样都会，是丈夫的有力帮手。饥饿，寒冷，她都能忍受，永远是有耐心而又沉静。她平日倔强，不爱哭泣，丈夫去世后强忍悲痛，但眼泪还是“不由自主地打湿了那敏捷的针儿缝着的殓衣”。就是这样完美的妇女，也逃不过俄罗斯妇女世世代代肩负的命运的三段坎坷：“同奴隶结婚”；“做奴隶儿子的母亲”；“至死也服从奴隶”。俄国的一切都在变，唯独农村妇女的命运不变。尽管如此，达丽亚仍然保持着固有的优良品质，即使最沉重的悲哀也不会把她压倒。安葬完丈夫后，达丽亚顾不上悲伤，又开始忙家务。当她发现家里没有取暖的柴火时，立马又去森林砍柴，最后冻死在雪地里。她在弥留之际还在担心被征入伍的小儿子的命运。“严寒大王”问她：“你暖和吗？”达莉亚回答了三遍“暖和”！她至死都没说过半句怨言，没发出半点呻吟。达莉亚是涅克拉索夫所有作品中最完美、最凄绝、最迷人的形象。

涅克拉索夫在长诗《俄罗斯妇女》中塑造了两位俄国贵族妇女——十二月党人妻子的光辉形象。特鲁别茨卡娅（Трубецкая）公爵小姐善良、勇敢、坚强，为了寻找被流放的丈夫，她宁愿抛弃贵族的一切权利和财产，不辞千辛万苦赶去荒凉的西伯利亚。伊尔库兹克的省长用尽威逼利诱想阻止她的脚步，她却不为所动。省长嘲笑她丈夫是“空虚幻觉”的牺牲品，她只是丈夫“可怜的奴隶”。她愤怒地喊道：“不！我不是可怜的奴隶，我是一个女人，他的妻！就让我的命运悲苦吧——我要对他永远忠诚！”这是俄国文学中的又一个达吉亚娜：对丈夫绝对忠诚。但她又高于达吉亚娜，她勇敢坚强，具有高度的自我牺牲精神，完全支持丈夫的革命事业，并义无反顾地追随他到天涯海角。

沃尔康斯卡娅（Волконская）公爵小姐身上散发着俄罗斯贵族女性的高贵气质，她“有着骄傲的脚步，迷惑过当时的许多美男”。她年轻时听从父母的安排，被迫嫁给了比自己大很多的将军。当得知丈夫被发配苦役时，她又毅然冲破父母的阻拦，只身前往天寒地冻的西伯利亚。无法想象，就这样一个光鲜亮丽的贵妇人会出现在“可恨的矿坑”里。当她看见丈夫身上的镣铐时，完全明白了他的痛苦。她情不自禁地跪下去，亲吻镣铐，然后和丈夫拥抱亲吻。矿坑里迎来了神圣的寂静，所有的十二月党人都为之感动，称呼她为“神的天使”。沃尔康斯卡娅身上充满强烈的反差对比色彩。她和丈夫的婚姻没有感情基础，但她却能不顾产后体弱，不远万里去追随丈夫。她是彼得堡贵妇，过着仆人成群、车马代步的日子，为了探望丈夫，她却能忍受严寒，徒步走入肮脏的矿坑。她勇敢、忠诚，为了爱情和丈夫的事业宁愿忍受一切苦难。她的灵魂比外表还要光亮。

涅克拉索夫笔下的俄罗斯妇女庄严而美丽。她们是苦难中怒放的花朵，是俄罗斯文学美好妇女形象画廊里最动人的风景。

28. 丘特切夫抒情诗的主题分类有哪些？

作为诗人，丘特切夫（Ф. И. Тютчев）成熟于普希金时代，成名却在白银时代。他一生留下不到400篇诗作，按题材大致可分为三类：自然哲学诗（Натурфилософская лирика）、爱情诗和政治诗。

青年时代的丘特切夫生活在俄国古典主义与浪漫主义的交替期，很自然地受到了二者的影响，成为“浪漫主义中的古典主义者”。他后来又接受谢林的自然主义哲学，成为执着的泛神论者。丘特切夫对人生、自然界乃至宇宙的构成问题做了大量思考，并将这些哲学思考融入描绘自然景物的诗歌中，形成了独特的自然哲学诗。从结构上看，自然哲学诗的前半部分一般是景物描写，后半部分是哲学思考，全诗的思想也在后半部分得到升华。如《秋天的傍晚》（Осенний вечер）：

晴朗的秋天的傍晚
有种妩媚、神秘的美丽：
不祥的闪光、斑驳的树木，
红叶慵懒而轻微的声息，
……
残月，疲倦，——万物之上
是一丝凋敝的微笑，——
我们在理性存在中称之为
上帝受难时的羞涩。

丘特切夫的自然哲学诗分为“白日诗”和“黑夜诗”，前者将宇宙描绘成光明、快乐、充满活力的自然世界，如《山中的清晨》（Утро в горах）和《春潮》（Весенние воды）；后者将宇宙描绘成忧郁、非理性的、令人恐惧的混沌，如《幻想》（Видение）、《就像大地被重洋环绕一样》（Как океан объемлет шар земной）、《午夜的大风啊》（О чём ты воешь, ветр ночной）。自然与混沌是势力相当的两股对抗力量，但阳光终将驱散混沌，就像驱散水蒸气一样，如《十二月的早晨》（Декабрьское утро）：

就在这两三个瞬间，
黑夜从大地散去，
在瞬息万变的光芒中
白日的世界突然将你我包围。

丘特切夫的自然哲学诗往往有话不直说，在具体形象的背后隐藏着深不可测的内涵，这便使得他的诗歌具有强烈的神秘主义色彩。也正因如此，丘特切夫被奉为“暗示诗”大师，俄国象征主义的鼻祖。《喷泉》（Фонтан）是此类诗的代表：

啊，僵死的思想的喷泉，
啊，永不枯竭的喷泉！
是怎样不可思议的法则
使你追求，使你不安？
你那么渴望冲向天空！……
可一只无形的宿命的手
把你的水花从高处推下，
折断了你顽强的光线。

“喷泉”不管升腾多高，终究会摔落地面，它可以象征人类认识的局限性，也可以象征命运的轮回，有多种解释。在另一首诗歌《沉默》（Silentium！）中，诗人表示“思想一经言语就会出错”，道出了语言的局限性。

爱情诗在丘特切夫的创作中占重要位置。丘特切夫的爱情诗带有强烈的自传性质，像一本抒情的日记，记录了爱的喜悦和悲痛。《我记得那黄金的时刻》（Я помню время золотое）是献给一位德国女郎的。当诗人在暮年回忆起这段感情时，又创作了《我曾经见过您》（Я вас встретил）。丘特切夫最著名的爱情诗收录在《杰尼西耶娃诗组》（Денисьевский цикл）中。顾名思义，所有诗歌是献给伊莲娜·杰尼西耶娃的。诗人认为爱情就是悲剧，它注定通往毁灭和死亡。在《最后的爱情》（Последняя любовь）中，爱情变幻成大雷雨，不仅让人“幸福”，也让人“绝望”：

即使血管中的血快要枯竭，

可心中的柔情却不会消亡，
啊你，最后的爱情啊！
你既使我幸福，又令我绝望。

在《啊，我们爱得多么致命》中（О, как мы убийственно любим），诗人讲述了自己艰难痛苦的爱情，诗句间流露出主人公的后悔与愧疚：

我们的爱情多么致命！
凭着盲目的热情的风暴，
越是被我们真心爱的人，
越是容易被我们毁掉！

除了玄妙的哲学和致命的爱情，公民和政治问题也是丘特切夫诗歌关注的重点。对于所处时代发生的大事件，丘特切夫用诗歌表达了自己的态度。《1837 年 1 月 29 日》（29-ое января 1837）就是为悼亡普希金而作：

但俄罗斯的心将把你
当做她的初恋，永难相忘！……

在《这些穷困的村庄》（Эти бедные селенья）中，作者表达了对俄罗斯民族的爱意和崇敬：

祖国啊，在你辽阔的土地上，
那背负着十字架的天主
正把自己化作奴隶模样
向你的每一个角落祝福。

当然，丘特切夫最著名的政治诗莫过于《理智不能理解俄罗斯》（Умом Россию не понять ...），诗人对祖国的强大力量和人民的意识充满信心。

丘特切夫的诗歌像是诗人自己和自己的对话，反映了诗人独特的世界观和耐人寻味的内心世界。它虽未能独成一派，但对费特、勃留索夫和勃洛克的诗歌创作产生了深远影响。

29. 费特抒情诗的主题分类有哪些？

费特（А. А. Фет）是19世纪俄国诗坛"纯艺术"派的领袖人物。他继承俄国古典浪漫主义的传统，追求唯美的艺术，强调感官的瞬间感受，在抒情诗中融入哲理的思辨，创造出独特的诗歌艺术风格。费特认为美是世间唯一值得用诗歌去歌颂的东西，大自然、爱情和哲学思考是他抒情诗的基本主题。

费特眼中的大自然是有生命的，它与人的灵魂是相通的、统一的。在诗歌《我不安地等待着》（Жду я тревогой объят）中，主人公焦急地等待着心爱的姑娘，他的听觉变得异常敏锐，他听见树叶萧萧落下，甲虫振翅飞向云杉。大自然感受到了主人公心中的焦虑，同时也为女主人公的到来欣喜若狂：

> 啊，拂来春的气息！
> 这，也许，是你。

费特善于在寻常事物中发现美，他能在大自然的四季更替中体会到不同的美：春天是等待着香气馥郁的铃兰（《春思》Весенние мысли），是温柔轻盈的夜色（《又是一个五月的夜晚》Ещё майская ночь）；夏天是夹杂着干草和黑麦香的大地（《黑麦在地里成熟》Зреет рожь над жаркой нивой），是伴随着遥远钟声落下的天空的眼泪（《多雨的夏天》Дождливое лето）；秋天是寒风中香气袭人的玫瑰（《秋天的玫瑰》Осенняя роза），是在午夜渐红的槭树叶（《又是秋天的霞光》Опять осенний блеск денницы）；冬天是皎洁明月下奔向远方的孤独雪橇（《美妙的画面》Чудная картина...），是脚下咯吱作响的白雪（《夜色明亮，严冬闪耀》Ночь светла, мороз сияет...）。

费特深受印象主义的启发，善于调动听觉、嗅觉、视觉等多种感官，捕捉声、光、影的瞬间变化，表达"难以言传的内心感受"。例如在《絮语，怯弱的气息》（Шёпот, робкое дыхание）中，诗人没使用一个动词，却将各种片段拼贴成意境丰满的写生图，传达出惊人的动态效果：

絮语，怯弱的气息，
夜莺的鸣啭，
银色的月光，梦一般的
溪水潺潺，
……
云烟中的一片玫瑰红，
琥珀般明亮，
频频的亲吻，眼泪，
黎明的霞光！

爱情诗在费特的诗歌创作中占有重要地位。对他而言，爱情是生命之源，它能帮人认知生命的意义和世界的美好。费特爱情诗的魅力在于他能捕捉最细腻的情感，并能用最精准的词语表达出主人公瞬间的感觉。爱情是明亮的、喜悦的、温柔的，也是痛苦的，如《多么幸福：又是夜，又是我们二人》（Какое счастье: и ночь, и мы одни）：

我痛苦，我迷恋：但在热爱、苦恼的时刻，
啊，听我说，理解我！——我不能把热情掩遮，
我要告诉你，我爱你，我爱你——
我只爱你一个，只爱你一个！

青年时的爱情悲剧为费特的抒情诗蒙上忧郁的色彩，恋人玛丽亚·拉吉奇的早逝使他抱憾终生，愧疚、思念、痛苦和甜蜜的回忆交织在一起，构成一组朴实真挚的爱情哀歌。对费特而言，他与心爱的人在两个不同的世界，但他们在诗歌的世界里却从未分开过，“而我和你，我们无法被分离”（《另一个我》Alter ego）；在诗歌《在神秘夜晚的幽暗寂静里》（В тиши и мраке таинственной ночи）中，诗人感到与玛丽亚灵魂的无比亲近；在《你纯净的光辉诱人而徒然地闪耀》（Томительно-призывно и напрасно）中，诗人带着她的“光芒走过尘世的一生”，满怀欣喜地庆祝她“瞬间的永生”。

费特的爱情诗充满了喜悦与痛苦的矛盾，他的抒情主人公时常体会到“痛苦的幸福”和“隐秘痛苦的甜蜜”。在《黎明时你不要叫醒她》（На заре ты её не разбуди）中，主人公的内心既不安，又宁静：

她的面容忧伤越来越苍白，
一颗心愈加痛苦得发颤。
晨光为此照耀她的胸脯，
火焰一般映红了她的脸；
你不要叫醒她，不要叫她，
晨光里她睡得这样香甜。

费特晚年深受叔本华哲学思想的影响，晚期的诗歌有着浓厚

的哲学色彩。在诗集《黄昏之火》(Вечерние огни)中,费特通过“夜”的形象,思考了人的存在——存在的本质。如果说黑夜在丘特切夫的诗中代表混沌,那么在费特的诗中,黑夜代表了存在的本质,漫漫长夜揭开了宇宙所有的奥秘,它比白天更明亮:

夜色闪耀。月光洒满花园。

月色躺在我们脚下,在没点灯的客厅。

死亡是困扰绝大多数诗人的永恒的问题,费特也不例外。他认为死亡是美的特殊体现,这与叔本华认为的空虚是最终的理想的存在殊途同归,带有强烈的悲观主义色彩。在诗歌《死亡》(Смерть)中,鲜花和笑脸终究被死亡征服:

如果生命——是上帝的喧哗的集市,

那么只有死亡——是他永生的殿堂。

存在与本体、时间与空间也是费特哲学诗探索的主要问题。在《在群星之间》(Среди звезд)中,诗人思考了物理时间、空间与形而上的时间——永恒之间的关系;在《永远不》(Никогда)中,诗人表达了战胜时空的想法以及对永恒的认识;在《我们的语言多么贫乏》(Как беден наш язык)中,费特延续了丘特切夫的思考,表达了无法用语言表达的人的心灵活动时的苦恼。

费特的诗歌富有旋律性,充满哲学意境,表达了对美的崇拜。他继承了茹科夫斯基的古典诗歌传统,又影响了白银时代的许多诗人。他是俄国诗歌史上连接浪漫主义和象征主义之间的重要一环。

30.“纯艺术”派诗歌述评。

“纯艺术”(поэзия “чистого искусства”)派形成于19世纪

四五十年代，在诗坛上与涅克拉索夫流派分庭抗礼。从《现代人》杂志分化出的三位文论家为“纯艺术”派提供了有力的理论支撑：德鲁日宁（А. В. Дружнин）将真、善、美等永恒理念视为“纯艺术”的主要表现对象，极力反对文学艺术涉及时代和社会的现实问题。他将普希金说成“纯艺术”的代表，来抗衡果戈理传统。鲍特金（В. П. Боткин）认为诗歌创作的根源不在现实生活，而在“我们深邃而难以表达的情感”。安年科夫（П. В. Анненков）认为艺术性是任何文学作品发挥社会作用的首要条件，只有表现永恒理想的纯艺术作品才有深刻的道德教育作用。

费特是“纯艺术”派的领袖人物，阿波罗·迈科夫（А. Н. Майков）、阿列克谢·托尔斯泰（А. К. Толстой）和雅科夫·波隆斯基（Я. П. Полонский）是这一流派的主要诗人。他们认为诗歌高于转瞬即逝的功利，它是永久自由的；人类心灵的永恒特质才值得真正诗人的关注；爱情和自然是“纯艺术”派诗歌的基本主题。

迈科夫早期的诗歌充满古希腊罗马的古风，他在对神话英雄的歌颂中寻求与自然界及先哲们的精神交流，平和安宁是他诗歌的主要基调。克里米亚战争后，迈科夫成为完全的“纯艺术”派诗人，俄罗斯绮丽的自然风光成为他抒情诗的唯一主题，广阔的田野、蔚蓝的天空、明亮的海岸在他笔下构成一幅幅清新淡雅的写生画。《春》（Весна）表现了主人公对春天到来的喜悦，“心中又洋溢起生机和愿望”；《雨下》（Под дождём）描绘了夏季太阳雨落在森林里的神奇和美妙：

雨丝透过阳光哗哗而下，站在云杉树下，
我们好像站在一个金色的笼子里。

迈科夫认为，只有在大自然中，人才能享受无忧无虑的完整生活，大自然是诗人创作灵感的源泉：

你不要打算从圣贤的书本里面
寻找那和谐诗篇的神奇秘密：
当你独自徘徊在沉睡的河岸边，
偶尔用心去谛听芦苇的声息、
橡树的絮语；他们非凡的音响
你要去体味、捕捉……你嘴里
便会自然流露出和谐的八行诗，
如同林中的音乐一样响亮优美。

阿·托尔斯泰可谓是“为艺术而艺术”的忠实追随者，他将美放在诗歌创作的第一位。和费特一样，他笔下的爱情往往发生在大自然最美好的季节，如《在那早春的时候》（То было раннею весной）：

在那早春的时候，
在那白桦树荫里，
你含笑来到我的面前，
却低低垂下了眼帘——
那是在回答我的爱情啊！

阿·托尔斯泰深谙俄罗斯民歌的精髓，能大胆地将民间格律和艺术手法引入诗歌创作，使得他的诗歌具有浓郁的民歌特色。如《茨冈歌谣》（Цыганские песни）直接借鉴了民谣的形式，开始节奏缓慢，草原青青、流水淙淙，后来节奏不断加快，在电闪雷鸣中，主人公内心的“欢乐”、“美好”和“愤怒”统统宣泄出来。另一首诗歌《我的风铃草》（Колокольчики мои），通过节奏表现出民歌的粗放豪迈和奔放。

与费特和迈科夫相比,阿·托尔斯泰较少追求诗歌形式的完美,他的诗歌具有强烈的抒情性和精准的形象性,浪漫主义的激情中还掺杂了讽刺意味。从这个角度看,他还算不上纯粹的唯美主义者。

波隆斯基深受涅克拉索夫影响,但他的诗作中几乎看不到民主诗人的"公民性"。在混沌的世界中,波隆斯基宁愿歌颂"永恒的真理"。他的代表诗集《萨藏达尔》(Старый Сазандар)具有浓厚的浪漫主义色彩,是"普希金的优美折光"。在风景如画的高加索山间,诗人思考了生命的变化无常。波隆斯基留给后人最大的文学遗产就是他的《罗曼斯》(романс),这些作品的题材无外乎生与死、爱与恨、情与愁,但感情极为真挚,充满戏剧性。代表作有《冬天的路》(Зимний путь)、《最后的谈话》(Последний разговор)、《夜》(Ночь)、《茨冈女人之歌》(Песня цыганки)。他的许多罗曼斯都被谱上曲,成为俄罗斯民歌经典,如最著名的是《幽居的女人》(Затворница):

在一条熟悉的街道上
我记得一栋老房子,
有高高的、阴暗的楼梯,
有挂着窗帘的窗子。

波隆斯基的诗歌没有费特的印象主义色彩,其抒情诗具有叙事风格,修饰用语更加直白。他的哲学诗充满了忧郁的沉思,游离在梦境与清醒之间,极富神秘色彩,如《暴风雨中的颠簸》(Качка в бурю):

夜幕降临,云杉渐暗,

我听见温柔的絮语

静静的呢喃:“亲爱的,

我们去荡秋千!”

……

发生了什么?我醒了过来——

……

该怎么办?

……

如果只有死亡能把我唤醒——

此刻的我,不愿醒来。

“纯艺术”派诗人在题材狭小的诗歌中表达了人类内心世界中最细腻真挚的情感。他们极大丰富了俄语诗歌体系,对后来的象征派和苏联时期的“静派”诗歌产生了巨大影响。

31. “公民派”诗歌述评。

19 世纪中期,雷列耶夫诗歌的公民精神在涅克拉索夫的笔下得到发展,“你可以不做一个诗人,但你必须做一个公民”,这句话是涅克拉索夫对诗歌本质和使命的理解,也是彼时民主派诗人信仰的象征。文学史上一般将思想艺术上与涅克拉索夫比较接近并受其影响的一批诗人称作涅克拉索夫流派,其中比较重要的诗人有尼基金(И. С. Никитин)、米哈伊洛夫(М. Л. Михайлов)、特列弗廖夫(Л. Н. Трефолёв)、库罗奇金(В. С. Курочкин)。几乎所有涅克拉索夫流派的诗人都是平民知识分子出身,他们了解俄罗斯生活的真实情况,对人民的遭遇痛心疾首，与专制独裁势不两立。他们描写了农民和城市贫民艰难的生活，揭露了地主官僚的专制强暴。除了对现实的批判和鞭笞，他们在作品中更多地表达了对光明未来的追求，对劳动人民能过上幸福生活的期盼。他们的作品从形式到内容都贴近民众，通俗易懂。

尼基金早年的作品带有明显模仿痕迹，他被认为是风景诗大师，克尔卓夫的继承人。克里米亚战争后，尼基金诗歌的爱国激情不断高涨，农民暗无天日的生活，城市贫民的苦难，对社会不公体制的抗议成为他诗歌创作的基本主题。长诗《转卖商人》（Кулак）颇有涅克拉索夫的风格，讲述了一个破产商人的悲惨遭遇，他在市场上靠耍小聪明挣钱谋生，但始终摆脱不了赤贫，绝望中他开始了酗酒、折磨家人。作品描写了典型环境下的典型性格，生动地再现了社会现实，嘲讽中略带悲凉，充满人道主义关怀。尼基金借鉴民间诗歌元素，创作了一系列歌谣，如《乞丐》（Нищий）、《老爷爷》（Дедушка）、《我们背着沉重的十字架，兄弟们》（Тяжкий крест несём мы，братья ）等。这些歌谣抨击专制和压迫，呼吁人们奋起反抗，很快就在民间流传开。有些歌谣被谱上曲，一直传唱到今天，如《剽悍的商人》（Ухарь-купец）。

米哈伊洛夫时常思考祖国的命运，他在抒情诗中复活了十二月党人和莱蒙托夫热爱自由的激情。《致暴君》（Деспоту）揭示了独裁者的虚伪和残忍，“他用左手创造出十字架，用右手将人民钉在十字架上”；《囚徒的书信》（Послание узника）是诗人从彼得保罗要塞发出的向往自由的呐喊，“我不是温存的鸟儿，不会在笼中把歌唱”。米哈伊洛夫创作的诗歌并不多，但他翻译了大量歌德、海涅、席勒等欧洲诗人的作品，勃洛克说“他的译作是名副其实的诗的珍珠”。

特列弗廖夫是该流派风格上最接近涅克拉索夫的诗人,他的诗歌满怀对人民的爱和对他们不幸的同情。他善于描绘被凌辱和被损害的人的生活,作品中有典型的城市穷人形象(《工人之歌》Песня рабочих,《信》Грамотка,《小丑》Шут);也有被农奴制折磨得苦不堪言的农民形象(《大车队》Обоз,《雇农》Батрак,《卡马林农民之歌》Песня о камаринском мужике);还有命途多舛的农村妇女(《红手》Красные руки,《杜尼亚》Дуня,《神秘的赶车人》таинственный ямщик)。他的作品与涅克拉索夫交相呼应。

库罗奇金的诗歌具有强烈的迫切性,能对社会和文学大事件做出及时的反映。他翻译过不少欧洲诗人的作品,尤其以翻译贝朗瑞出名。他还是讽刺杂志《星火》的主编,周围团结了一批才华横溢的进步诗人,对涅克拉索夫派的发展起到推波助澜的作用。

涅克拉索夫流派的作品是公民诗歌的典范,激励和教育了几代人,对后来俄罗斯诗歌的发展产生了深远影响,就连与之相去较远的象征派诗人那里也能找到它的痕迹。

32. 如何理解《父与子》中"父"与"子"的冲突?

1861 年俄国废除农奴制,屠格涅夫(И. С. Тургенев)开始对此表示热烈欢迎,但他的热情很快就冷却了,因为他看到改革根本没有解决农民问题。与此同时,屠格涅夫的思想也由民主主义转向自由主义,并与其长期合作的《现代人》杂志决裂。就在这个复杂的阶段,屠格涅夫创作了《父与子》(1862)。

小说的情节很简单:医科大学生巴扎罗夫(Евгений

Базаров）应贵族同学阿尔卡季·吉尔沙诺夫（Аркадий Кирсанов）的邀请去他父亲的庄园做客。巴扎罗夫和阿尔卡季的叔叔巴维尔话不投缘，互相仇视。后来巴扎罗夫结识了贵族遗孀奥津佐娃（Одинцова），并"疯狂地爱上了她"，但后者拒绝了他的追求。遭遇爱情打击的巴扎罗夫回到了父母身边，但乡下无聊的生活很快使他厌倦，他又重回吉尔沙诺夫的庄园。故事的结尾，对爱情和友情都感到失望的巴扎罗夫回到家中，决心与所有人断绝关系。他整日忙于工作，不料在一次医学实验中不慎割伤手指，感染伤寒而死。

小说反映了一个永恒的问题——"父与子"的矛盾。这不单纯限于两代人之间，更重要的是社会不同阶层代表之间的矛盾。换句话说，就是贵族与平民知识分子之间的矛盾，持不同世界观的自由主义者和民主主义者之间的矛盾。

巴维尔·吉尔沙诺夫（Павел Кирсанов）是较为开明的老贵族，有着丰富而传奇的经历，他喜欢把自己说成是个热爱进步的自由派人士。巴扎罗夫是个典型的青年平民知识分子形象，他思想进步，只信仰自然科学，否定一切传统，是唯物主义和虚无主义忠实的追随者。这两个人在衣着、行为举止、性格、感情及思想意识层面没有一丝吻合，一见面就剑拔弩张。巴扎罗夫对巴维尔"妄自尊大、纨绔习气"、"目空一切的架势"和贵族仪容表示反感，他嘲笑巴维尔是"老古董"，"指甲都可以拿去展览"，时刻想挑战老贵族的"权威"。巴维尔的贵族秉性更难容忍巴扎罗夫的无礼，大骂他"对长辈没有一点敬畏，回答问题还有气无力，傲慢而粗暴"。双方在所有重要问题上都有分歧，对政治、科学、道德、美学的态度和看法都不相同。他们的矛盾在晚餐时达到高潮。巴维尔竭力证明和捍卫自己信仰的东西——"贵族制度"、

“自由主义”、“进步”、“原则”；而巴扎罗夫则对巴维尔自由主义式的爱民观点和改革以及关于宪法和议会的美丽辞藻嗤之以鼻。他认为，“现时最有用的是否定”，他否定旧制度关系中的一切，包括它的哲学、文化、艺术、教育原则等。他只相信被实验和实践证明过的东西，比如说劳动。

屠格涅夫在小说中没有偏袒矛盾的任何一方。“父”与“子”的身上都有各自时代的美好和不足。“父辈”的思想虽然有历史局限性，但是他们对美很敏感，对生活中的喜怒哀乐有着细腻的情感。他们爱诗歌、爱艺术，热爱一切有价值的文化遗产。对爱情真挚的向往在他们的心中永远激荡不散。尼古拉（Николай Кирсанов）是个富有诗意的人，喜欢在星辉斑斓的夜里，在幽静的花园里来点儿幻想，到了暮年还坚持着对爱情的执着，最终抛弃贵族派头，迎娶了费涅奇卡（Фенечка）。巴维尔身上虽然缺乏浪漫主义色彩，但一旦遇上“生命中神秘的力量”，就甘于沦为爱情的牺牲品。他在老之将至、青春不再的岁月里还与年轻人决斗，只因后者吻了与P公爵夫人面容相似的费涅奇卡。作者虽然赞赏“子辈”变革社会的勇气，却反对他们对艺术、对诗歌，特别是对爱情的态度。虚无主义否定一切的态度一旦进入爱情，就变得自我矛盾。巴扎罗夫“喜欢女性”，但他“对理想式的爱情或所谓的浪漫式的爱情嗤之以鼻”。虚无主义和浪漫主义是完全相悖的。所以当他真心爱上奥津佐娃的时候，就“为自己有这种浪漫主义倾向而恼火”。他的自然天性破坏了虚无主义，但虚无主义又反过来遏制他的感情发展，于是两者的矛盾斗争酿成了巴扎罗夫的悲剧。曾经嘲笑巴维尔爱情悲剧的他，现在也体味了自己爱情悲剧的苦涩。

“父与子”的冲突最终以巴扎罗夫的死亡告终。按作者的观点，主人公的悲剧性在于“过早地出生”，站在了“未来的门槛上”。正如主人公临终前对奥津佐娃说的，“我父亲会对您说俄罗斯失去了一个多好的人……这是胡扯……俄罗斯需要我……不，看来，并不需要。需要什么人呢？”

33. 简析屠格涅夫笔下的女性形象。

在俄国文学史上，很难找到一个像屠格涅夫这样钟情于创作美好女性形象的作家。他笔下的理想女性大多性格内向，感情细腻，纯洁朴素，受过良好的贵族教育。她们言语不多，不善与人交往，但是内心世界充实。她们没有惊艳的外表，甚至有的根本不好看。她们看重男主人公的内在品质，对爱忠贞，一旦作出决定，就会忠诚地追随心爱的人，不顾父母与外在环境的阻力。她们性格中的坚韧很难被人发现，树立了目标后就会勇往直前，愿意为了信念牺牲一切。她们身上有着巨大的精神力量，爱幻想、果断、富有牺牲精神是她们主要的性格特点。这些完美女性形象后来还被称作“屠格涅夫家的姑娘”（тургеневская девушка）。

《罗亭》中的娜塔莉亚·拉松斯卡娅（Наталья Ласунская）是个满怀激情的浪漫少女，她真诚地深爱着罗亭。为了梦寐以求的爱情，她不惜放弃一切，哪怕与家庭决裂。娜塔莉亚说，“胸怀伟大理想的人不应该考虑自己的私利”。是罗亭那充满理想主义的热情深深打动了她，是他那闪耀着智慧的言语激起了她实现崇高理想的愿望，点燃了她行动的热情。罗亭的理想和追求对她而言既珍贵又亲近。娜塔莉亚在他身上倾注了全部的希望，坚信他有能力实现自己的理想。也正因为这样，罗亭的“屈服”让她痛感失望。她在最后一次约会时对罗亭说：“我以前一直相信您，相信您的每一句话……今后，请掂量您要说的每一句话，不要信口开河。当我对您说我爱您的时候，我知道这句话的意义：我准备好了牺牲一切……”，娜塔莉亚·拉松斯卡娅开启了屠格涅夫作品中美好女性形象的画廊。

《贵族之家》中的丽莎·卡利金娜（Лиза Калитина）是屠格涅夫创造的又一完美无暇的女性。她和《叶甫盖尼·奥涅金》中的达吉亚娜一样温柔善良，热爱大自然，崇尚俄国人的聪明智慧。她从小在奶妈的影响下笃信宗教，认为自己有责任为父亲的罪恶祈求赦免。对她来说，爱情不仅是幸福，还是道德和宗教上的责任。“上帝结合起来的，怎么能拆散呢?”所以她把瓦尔瓦拉（Варвара）的归来看作是上帝对他和拉弗列茨基（Лаврецкий）罪孽感情的惩罚。“幸福不是我的……我知道自己的罪孽，我得用祈祷抵赎”。丽萨最后遁入修道院不是为了寻求慰藉，也不是为了忘却生活的苦难。她是为了赎罪，以通向自我牺牲的最高境界。

《前夜》（Накануне）中的伊莲娜·斯塔霍娃（Елена Стахова）是所有“屠格涅夫家的姑娘”中最勇敢、最具行动力的一位。她出身贵族，却不沉醉于平庸空虚的生活。她在周围世俗的环境里找不到一个敢于追求理想的人。所以英沙罗夫（Инсаров）的出现就像“黑暗王国的一道光线”，为她点燃了希望。她欣赏这位爱国者纯洁的灵魂，仰慕他对事业和理想的忠诚。伊莲娜在前夜高喊：“解放自己的祖国！这句话甚至说出来都那么可怕，多么伟大的话语啊！”随后她离开了自己的亲人和祖国，与爱人远走他乡，共赴伟大事业。在英沙罗夫去世后，她又只身前往保加利亚，继续实现爱人未完成的事业。作者称伊莲娜是“俄罗斯妇女的新典型”。她身上集中了“屠格涅夫家的姑娘”的全部美好，她又高于所有的女性：就追求理想来说，她比娜塔莉亚要具体得多;就性格来说,她要比丽莎要坚强得多。她不仅高于自身的环境,甚至还超越了所处的社会,她的形象充满了理想化的诗意。

屠格涅夫将俄罗斯所有的美好通过笔下理想女性形象表现出来。有意思的是,他笔下的俄罗斯男性大多软弱,经不起爱情的考验。不过这也从反面衬托了俄罗斯女性的伟大。正如屠格涅夫借小说《处女地》(Новь)的主人公索罗明之口(Соломин)说的,“如今你们,你们全体俄国女人,已经比我们男人更能干,更高强。”

34. 屠格涅夫散文诗的艺术特色是什么?

散文诗(стихотворение в прозе)作为一种文学体裁形成于19 世纪中期的法国。散文诗首先是诗,诗是散文的灵魂。它有诗的篇幅、意境和激情,但又不受诗的格律的限制,换言之它有散文的自由。散文诗又不同于散文,结构上比一般的散文更加紧凑,表达上比散文更简洁凝练。

屠格涅夫晚年旅居法国时(1877—1882)创作了 82 篇散文诗。这些作品是一个老人对自己生命片段的回忆,除了表达自己的情感以外,还有对生与死、爱与恨、痛苦与孤独、自然和艺术、祖国和人民的哲理思考。主题有“多声部”特点,形式也极为丰富。小说、随笔、戏剧等体裁仿佛都被“压缩”后而出现在散文诗中。屠格涅夫的散文诗文体大致分为诗化小随笔、微型小说、对话录、沉思录或随想集。

有些散文诗作品仿佛高度凝练的随笔的结晶,这是一种诗意化了的随笔,其风格与《猎人笔记》(Записки охотника)相似。它们以散文为主体,叙事占主导,但叙事只是铺垫,作品的灵魂,亦即“诗眼”埋藏在末尾的议论和抒情中。在这一点上最有代表性的作品是《乡村》(Деревня)：

“六月的最后一天,四周上千里的地方都是俄罗斯——亲爱的故乡。

满天一片蔚蓝;只有一小朵云……也不知道它是在飘游,还是在消散。一丝风儿也没有,暖洋洋的……空气就像正在冒着热气的鲜牛奶。”

作品主干部分将俄罗斯乡村的美景生动呈现出来,读起来像费特的自然抒情诗。如果是在屠格涅夫其他的散文作品中,接下来就该讲述故事了。然而,在这里,作者用一句带有哲学思辨色彩的话语做结尾,点石成金：

“我不由得想到：那皇城里索菲亚大教堂圆顶上的十字架。还有那城里的人们正孜孜以求的一切,在这里对我们又算得了什么呢?”

散文诗《麻雀》(Воробей)在形式和结构上和《乡村》如出一辙。作者先讲述了一只麻雀舍身护子的故事,后来用议论和思考来“点睛”：

“爱,我想比死亡和死亡的恐惧更为强大。只是靠了它,只是靠了爱,生命才得以维持,得以发展”。

同类型的作品还有《狗》(Собака)、《最后的会见》(Последнее свидание)、《乞丐》(Нищий)等。

如果将“诗化小随笔”末尾的抒情和议论拿掉,那就成了单纯的叙事作品,这类散文诗从形式上看像当代的“微型小说”,其中不仅有故事和人物,更有情节和人物性格的发展。《玫瑰》(Роза)和《绞死他》(Повесить его)是这种类型的代表。

《玫瑰》用三言两语勾勒出一个感人的爱情画面：夏末秋初的雨后黄昏，一个经过思考和痛苦斗争的情人，重新捡起那朵被她两小时前扔掉的玫瑰花。那一刻，“她也被燃烧起来了”。透过字里行间，情人复杂忐忑的心情可见一斑。《绞死他》故事更简单，一个诚实善良的士兵被女房东诬陷偷了两只鸡，结果被“漫不经心”的总司令判了绞刑。判决宣布后，士兵脸色惨白，女房东开始央求饶恕，并道出事情真相。作者未对整个事件做任何评价，但对士兵的深厚同情已溢于言表。除了这两篇散文诗，《玛莎》(Маша)、《东方传说》(Восточная легенда)、《海上航行》(Морское плавание)都可视作“微型小说”。

在散文诗中，还有不少作品是用对话录形式写成的，有的作品干脆就叫《对话》(Разговор)。这类作品一般带有哲理性和思辨性。如在《对话》中渗透着对人类命运的严肃思考；在《谁的罪过》(Чья вина)中流露出不相称的爱情的无奈与痛苦；在《落难》(Попался под колесо)中隐约感到死亡临近时的恐惧和痛苦。类似作品还有《门槛》(Порог)、《真理与正义》(Истина и правда)、《傻瓜》(Дурак)、《记者》(Корреспондент)。

还有部分散文诗作品以沉思录和随想录的形式写成。它们短小精炼、精美绝伦，富有哲理，是思想和感情碰撞的美妙火花。如《你哭了》(Ты заплакал)：

> “你哭了，为了我的痛苦；而我也哭了，为感谢你对我的怜悯。
>
> 但须知你也是为自己的痛苦而哭泣，只不过是在我的身上看到它的。”

再如《爱之路》(Путь к любви)：

“一切感情都可以导致热烈爱慕，一切的感情：憎恨、怜悯、冷漠、崇敬、友谊、畏惧，——甚至是蔑视。

是的，一切的感情……只是除了感激以外。

感激——这是债务；任何人都可以摆出自己的一些债务……

但爱情——不是金钱。”

作品原文只有三十余单词，却闪烁着深邃的思想光芒，最后一句话更是掷地有声。同类型作品还有《爱情》(Любовь)、《朴实》(Простота)。

35. 简析19世纪俄罗斯文学中的“新人”形象。

1850—1860年间，俄国文学史上出现一系列关于“新人”(новый человек)的小说，如《罗亭》、《前夜》、《父与子》、《怎么办?》。什么样的人可以归为“新人”呢？首先“新人”这一概念和特定的社会政治和历史环境不无关系。十二月党人起义失败后，在俄国社会发生了思想动荡，一部分人被绝望和悲观主义笼罩，另一部分人则有了更明确的目标——继续十二月党人未完成的事业。“怎么办?”为了回答这一问题，俄罗斯作家就塑造了一批“新人”。他们是新时代的代表，拥有新的世界观、时空观和新的历史使命。

屠格涅夫首先将彼时的社会思想通过罗亭这一形象表现出来。小说《罗亭》的最初名字叫《天才的性格》(Гениальная натура)。“天才”在本小说的言下之意就是有明确的目标，即对真理的追求。罗亭的使命就是在社会播种“理性、善良、永恒”的思想，当时的社会也的确需要充满热情的人，需要宣传家。然而他缺乏刚硬的“性格”，没有克服困难的勇气，最终只是扮演了转瞬即逝的角色。

小说《前夜》中的“新人”比罗亭在思想和行动上迈进一步。伊莲娜是小说的中心人物，她的内心状态反映了时代特点，心中充满了对俄罗斯的爱。周围受过良好教育的俄国贵族青年吸引不了她，因为他们未将对祖国的爱付诸实际行动，没有献身祖国事业。也正因如此，伊莲娜爱上了为了解放祖国而奋斗的保加利亚青年英沙罗夫。英沙罗夫是个经典的形象，是所有时代的英雄，他似乎没有任何新的思想，然而他身上最直接和最朴素的爱国主义精神却是被俄国社会遗忘的。英沙罗夫的国籍说明，真正的“新人”在俄国还未出现，而小说名“前夜”也暗示了即将到来的革命。

《父与子》中的巴扎罗夫也是典型的“新人”形象。他的“新”在于：他是平民知识分子的代表，与贵族阶级在思想上势不两立；他是虚无主义者，否定一切旧事物；他拥有罗亭所缺乏的行动力，这也是他高傲的原因。他不像巴维尔·彼得洛维奇那样碌碌无为地生活，他走出了“自我”，将自己完全献给了自己的事业和祖国。他感觉到内心强大的力量，然而又不可能按自己的想法为所欲为。这种矛盾造成他内心的痛苦，他也因此变得易怒、忧郁。他的悲剧在于不愿顺从生活，不承认自己的感情。客观原因是，他“过早地出生”，站在了“未来的门槛上”。

如果说屠格涅夫塑造了一系列生活在社会矛盾里的典型“新人”形象，那么车尔尼雪夫斯基（Н. Г. Чернышевский）则发展了这一形象，并在《怎么办?》中给“新人”找到了出路。车尔尼雪夫斯基创造了两种“新人”——“普通人”（薇拉·巴甫洛夫娜、罗普霍夫、吉尔沙诺夫）和“特殊人”（拉赫美托夫）。前者通过创造和劳动的方式来改造社会，而后者则通过革命方式；前者是现时的人物，而后者是未来的人物。车尔尼雪夫斯基笔下的“新人”拥有个性自由，小说伊始主人公就开始反抗家长专制。他们会自我反省，这是他们区别于以往的“新人”形象的主要特点。他们相信理性的力量能让人变得“善良和永恒”。他们个个都是和谐的个体，例如薇拉具有妻子和母亲双重身份，她同时还参与社会生活，参加学习，最重要的是她有劳动愿望，并能将所有这些关系处理好。

车尔尼雪夫斯基笔下的“新人”用一种全新的方式对待彼此。这是一种完全正常的人际关系，但在那个时代却被认为是某种不一般的新关系。小说的主人公互相尊重、待人温和，甚至有时不惜牺牲自己的利益。他们高于“自我”，但他们创造的“理性利己主义理论”只是深度的自我反省。他们的利己主义是社会性质的，而非个人的。《怎么办?》中的新人是车尔尼雪夫斯基对未来社会的美好憧憬。

罗亭、巴扎罗夫、罗普霍夫、吉尔沙诺夫，尽管他们每个人都有缺点和不被历史肯定的一套理论，但他们身上都具有超前于时代的品质。更重要的是，他们都为俄罗斯的前途担忧，为了祖国的命运受尽折磨，这也是他们之所以被称作“新人”的主要原因。

36. 什么是“奥勃洛摩夫性格”？

“奥勃洛摩夫性格”（обломовщина）这一概念出自冈察洛夫（И. А. Гончаров）的小说《奥勃洛摩夫》（Обломов）。这个词语最早是由小说中的人物施托尔茨（Штольц）提出的，后来主人公在形容自己的生活方式时也使用了这个词。俄国著名文学评论家杜勃罗留波夫(Н. А. Добролюбов)在《什么是奥勃洛摩夫性格?》一文中专门论述了这种性格的特征和成因,“奥勃洛摩夫性格”由此作为一个术语流传下来。

奥勃洛摩夫最大的特点就是懒惰。他成天懒洋洋地躺在沙发或床上,需要什么东西的时候,只需眨眨眼,马上就会有仆人奔过来实现他的愿望。他偶尔心血来潮想做出一些“业绩”,还没起身,身后的四五个仆人就会同时叫道:“做什么?上哪儿去啊?要瓦西卡、查哈尔卡干什么的呀?”家中300多农奴保证了奥勃洛摩夫过着饱食终日、无所事事的悠闲生活。这也导致20多岁的他还不会穿袜子、靴子,到后来变得不会生活,接着对社交、对公职、对学习都提不起兴趣来,最后对一切都变得漠不关心。不论友谊,还是爱情都不能惊醒他,使他振作起来。这样看来,奥勃洛摩夫懒惰性格的形成与农奴制不无关系。

奥勃洛摩夫喜欢生活在幻想的世界里,这点和玛尼洛夫很像。他会想到人类的苦难,并为此情不自禁地痛哭流涕;他也想过变成一位无所不能的统帅,为弱者打抱不平,伸张正义。他也偶尔想过将理想付诸实际。例如他曾拟定过经营领地的计划,开始还十分热情地忙碌着落实计划,过一阵子就被“明细、预算、数字”之类的概念吓跑了。这倒不是他在逃避困难,究其原因还是他什么都不会,从他对伊万·马特维奇(Иван Матвеевич)的坦白中可见一斑,“我不知道,徭役是什么,农事是什么,贫农是什么,富农又是什么;我不知道四分之一普特的裸麦和燕麦,究竟是多少,值多少钱”。

对人的态度,特别是对女人的态度,最能考验一个人的性格。这是俄国作家展现人物性格时屡试不爽的手法,冈察洛夫也没能例外:“很早就会挑逗名门多情女子芳心”的奥涅金在达吉亚娜面前，就显出了畏缩不前，第二次仍是这样畏缩；别里托夫面对柳博芙时，不仅不敢为之斗争，反而从她那里逃走；罗亭在娜塔莉亚要求从他那里得到什么决心的时候，就完全手足无措了。而奥勃洛摩夫在奥尔迦答应嫁给他后，就变得胆怯起来，甚至不敢见对方，装作有病，借口桥已经撤去等等。于是他开始痛苦，彻夜难眠，最后他鼓足勇气给奥尔迦写了一封奥涅金给达吉亚娜式的书信：“我不是生来就能让您过上幸福生活的人；过一阵子，您就会爱上别的、更有价值的人。”信里充满了罗亭对娜塔莉亚，甚至是毕巧林对梅丽公爵小姐所说的那些陈词滥调、俗套话语。从这一点看，奥勃洛摩夫是个不折不扣的“多余人”。不过和前辈们不同的是，他从不会质疑现存制度的公平性和合理性，反而如鱼得水般地生活在宗法制下的俄罗斯小镇。

奥勃洛摩夫生活的环境和所受的教育造就了他的性格特征。按照杜勃罗留波夫的观点，“奥勃洛摩夫性格”的根源隐藏在亚历山大二世改革前的俄罗斯传统农奴制生活中。“奥勃洛摩夫性格”这一概念后来也成为懒惰、冷淡、委靡、因循守旧和麻木不仁的代名词。

37. 简析《大雷雨》中的卡捷琳娜形象。

《大雷雨》(Гроза)发表于俄国农奴制改革的前夜(1859年)，杜勃罗留波夫评价它是“奥斯特洛夫斯基(А. Н. Островский)最强有力的一部作品”，女主人公卡捷琳娜是“黑暗王国的一线光明”。

少女时代的卡捷琳娜像自由的鸟儿一样快乐地生活着，母亲对她十分宠爱，从不强迫她做事。她在虔信上帝的环境中长大，喜欢去教堂，爱听香客们讲故事，唱赞美歌，做祷告。天真的她时常做一些美梦，梦见自己像天使一样在空中飞翔。然而自从嫁给了卡巴诺夫（Кабанов），她的快乐日子就走到了尽头。卡捷琳娜的婆婆卡巴诺娃是个独断专行的富商遗孀，要求家人无条件服从传统法则，习惯按照自己的想法去规范儿女的行为，以自己的意志主宰全家的命运。她对卡捷琳娜更是吹毛求疵，动辄厉声呵斥。丈夫吉洪（Тихон）胆小懦弱，不敢反抗母亲的专横无礼，他给不了妻子任何保护和慰藉。鲍里斯（Борис）的出现让卡捷琳娜感到了生活的一线希望，然而当他们的感情暴露后，他却抛弃了她。鲍里斯的懦弱扼杀了卡捷琳娜心中最后一丝存活的勇气。万念俱灰的卡捷琳娜投入了奔腾不息的伏尔加河。

作者通过卡捷琳娜的命运再现了农奴制改革前俄罗斯的社会环境。卡里诺夫是俄罗斯国家制度的缩影，它有着迷人的自然风光，然而与自然之美形成强烈对比的是其“残酷的风俗”：小城封闭落后，沿袭了几个世纪的陈规旧习压制了年轻人的成长。在外乡人看来，“在这儿姑娘一旦出嫁，就像被埋葬了似的”。对于追求自由和真实生活的人而言，卡里诺夫无疑是个“黑暗王国”。卡捷琳娜是个充满诗意的感伤的女性形象，她向往自由的生活和真挚的爱情。她笃信宗教，具有强烈的“原罪意识”和“忏悔情节”。她从内心觉得爱上鲍里斯是大逆不道的事情，但在爱情和自由与令人绝望的现实生活之间，她还是选择了前者。她的悲剧就在于竭力冲破封建礼教束缚后，又深感到自己在上帝面前罪孽深重。比起本剧软弱的男主人公，卡捷琳娜的勇敢是惊人的，她宁愿用最极端的方式来反抗死水般的生活。自杀在东正教被视作罪恶，但这一方面凸显出卡捷琳娜非凡的勇气，另一方面也反映出社会的残酷。卡捷琳娜虽然香消玉殒，但她至少在黑暗王国这滩死水上惊起过波澜，她的死亡是对封建社会的反抗，也从客观上刺激了“黑暗王国”中其他人的精神复活。关于卡捷琳娜的死亡，杜勃罗留波夫写道：“《大雷雨》中甚至有种使人神清气爽、令人鼓舞的东西……在这个背景上描写的卡捷琳娜性格本身，也使我们呼吸到了一种新的生命，这种生命是通过她的毁灭揭示出来的。”

卡捷琳娜是19世纪俄国文学女性形象画廊中最耀眼的一位，她不仅拥有普希金笔下达吉亚娜和屠格涅夫笔下丽莎身上的所有美好品质，还比她们多了宝贵的反抗精神。她颠覆了俄国文学中传统的顺从忍让的女性形象。

38. 简析《白夜》中的“幻想家”形象。

在19世纪40年代末，陀思妥耶夫斯基(Ф. М. Достоевский)创作了一系列关于“幻想家”的作品：《女主人》(Хозяйка)、《白夜》、《脆弱的心》(Слабое сердце)、《涅朵奇卡·涅兹瓦诺娃》(Неточка Незванова)，其中最有名的莫过于《白夜》。这是一部感伤主义小说，作品以第一人称的叙述方式，讲述了一个内心丰富的幻想家的短暂爱情故事。

小说主人公是一个“靠梦想过活”的小公务员。他找不到生活的方向，极力想摆脱现实，终日沉浸在凭空想象的世界里。他不但不积极地反抗生活的不公，反而一头钻进幻想的世界，生活在现实的时间和空间以外。他碌碌无为，习惯每天在某个固定时间和地点见到相同的陌生人，他甚至还仔细研究过那些人的外貌，自己的心情也随他们的心情而变化。他熟悉彼得堡大街上每一栋房屋。每当他走在大街上的时候，还幻想每一幢房子都会跑到他的前面，敞开所有的窗户向他问好。幻想家明白，迟早有一天他要面对现实，生活会把他幻想的幸福毁灭。他也知道，幻想在现实面前是苍白无力的，“胆怯的幻想是那么令人丧气，单调到了粗鄙的地步！幻想是阴影的奴隶，思想的奴隶，第一朵云彩的奴隶”，他的爱情悲剧也验证了自己的想法。

幻想家有诗人的气质，会将生活浪漫主义化，他能在一滴水中看见海洋，在一瞬间的微笑中感到幸福的承诺。与娜斯金卡（Настенька）的相识唤醒了他内心的情感，他对生活又有了希望和梦想，并准备走出幻想的阁楼，好好享受“小幸福”。他对娜斯金卡的爱是无私的、质朴的，和彼得堡的白夜一样明亮。他用最真挚的感情陪娜斯金卡度过了最悲伤的时刻，他甚至还帮她寻找逝去的幸福，将心爱的女人推给自己的“情敌”。娜斯金卡没有枉费等待，旧情人重归于好，幻想家又回归孤独。在爱情的冲突面前，幻想家依旧不会反抗。当娜斯金卡追随旧爱而去后，幻想家没有任何行动，依旧是用幻想来宣泄心中的怨恨，“当您和他一起走上祭坛举行结婚仪式的时候，我要把您扎在您的黑卷发上的鲜花踏碎”。当爱情在瞬间化为乌有，幻想家觉得委屈，也懊恼，但更多的还是用幻想来麻痹自己，“我的天哪！整整一分钟的幸福！即便是对于一个人的整个一生来说，难道这还少吗？”

幻想家在与现实生活的首次相逢中遭遇了失败。对他而言，生活终究是可怕的，充满着矛盾。他在其中只看得到庸俗和罪恶，但又缺乏与之斗争的勇气，他匆忙躲进他那弥足珍贵的小角落，逃避生活的黑暗，殊不知，他的小角落早已布满灰尘，脏乱不堪。渐渐地，他开始躲避人群，对一切失去兴趣，丧失生活的能力。他最终认定，幻想带给他的享受比现实生活更丰富多彩，更可爱。幻想家的软弱和不切实际的幻想注定其命运的悲剧性。

39. 如何理解《罪与罚》中的“罪”与“罚”？

陀思妥耶夫斯基的第二部长篇小说《罪与罚》是世界文学史上最复杂、最完美的作品之一。小说触及了社会、道德、哲学和宗教等诸多问题，在许多方面都具有非同寻常的意义。

陀思妥耶夫斯基本人评价《罪与罚》是一次“犯罪心理总结”，“罪”在于穷大学生拉斯科尔尼科夫（Раскольников）杀死了放高利贷的老太婆。然而小说讲述的不是普通的刑事犯罪，主人公拉斯科尔尼科夫也不是普通的杀人犯。这是“意识形态”的犯罪，杀人犯从某种意义上讲是个有罪的思想家、哲学家。拉斯科尔尼科夫杀人动机绝不是为财，更不是为了救济贫苦的母亲和妹妹。他的犯罪是周围悲剧环境造成的，是他在对自己和所有“被欺凌和被侮辱”人的命运，以及整个人类的社会和道德法则进行长期思考后的结果。

拉斯科尔尼科夫生活在各种无法解开的矛盾纠葛之间。目之所及，只有贫穷、肮脏、被践踏的法律、被侮辱的人格，到处都是走投无路的穷人。拉斯科尼科夫自己的生活也极其窘迫。由于家贫，中途辍学，靠给富家子弟补习为生，后来，他丢了教书的差事，生活没了着落，债台高筑，母亲和妹妹的命运还受到威胁。所有这一切让拉斯科尔尼科夫陷入深沉的思考：世界到底怎么了？这个毫无人性的世界是如何建立的？为何贪婪、残酷、目无法纪的人能大行其道？为何无人起来反抗，所有人都在沉默中忍受贫穷和不公？他觉得现实的法律是永恒的，人的本性也是难以改变的。他从历史人物穆罕默德和拿破仑身上受到启发，并得出结论：世上的人分为“平凡的”和“不平凡”的两类。平凡人须俯首贴耳、任人宰割，在法律面前谨小慎微。而不平凡的人则有权胡作非为,对法律视而不见。为了崇高的理想,可以为所欲为,甚至犯罪,包括杀害放高利贷的老太婆这样的"虱子",因为这有利于共同的幸福。

犯罪后的拉斯科尼尔科夫内心很矛盾,他不断地和自己争执,试图证明自己理论和行为的正义性。起初他认为,杀完高利贷老太婆后自己对世界和周围人的态度并没有改变,但他错了,他内心体会到前所未有的"分裂感",他宁愿过"与世隔绝"的生活,这些感受使他备受煎熬。他开始觉得自己是离经叛道的人,在他和周围人之间产生了鸿沟,他意识到自己逾越了道德界限,并将自己置于人类社会的法则之外。"难道我杀的是老太婆吗?"他痛苦地对索尼娅·玛尔美拉多娃(Соня Мармеладова)说,"我杀了自己,而不是老太婆!"拉斯科尔尼科夫受到良心的折磨,意识到自己的精神空虚。这是"罚"的本质,它比任何别的惩罚都可怕。后来他听从索尼娅的劝告,去接受法律的审判。

陀思妥耶夫斯基在小说中号召人们克服利己主义,要顺从忍耐,要用基督教的大爱对待周围的人,最重要的,还是号召人们要接受赎罪的苦难。只有这样,人类才能洗清身上的污秽,从道德的困境中走出来,通往幸福。索菲亚,这个全人类痛苦与苦难的象征,这个背负沉重十字架的女性,唤醒了拉斯科尔尼科夫的赎罪意识。正是她说服了拉斯科尔尼科夫用忏悔、用受苦去赎清罪恶。这条赎罪的道路必定充满苦难和折磨的,"他甚至还不知道,新生活不会轻而易举地得到,需要付出高昂的代价,用未来的伟大功绩去偿还。"按照作者的想法,拉斯科尔尼科夫已准备好接受痛苦,去遭受"新生"前的苦难。这才是对罪恶的真正惩罚。

40. 简析《白痴》中的梅什金公爵形象。

1867—1868 年,旅居欧洲的陀思妥耶夫斯基创作了小说《白痴》,用作者的话说,“小说的主要想法是塑造一个正面完美的人。世上没有比这个更难的事了,尤其是在当下……世上只有一个正面完美的面孔——基督。”

很显然,小说《白痴》中的“正面完美的人”就是梅什金公爵。在他身上集中了陀氏前期作品中诸多主人公们的美好品质,他性格的许多方面和《白夜》中的“幻想家”及《被欺凌的和被侮辱的》(Униженные и оскорблённые)中的伊万·彼得洛维奇(Иван Петрович)相似。他善良、天真、直率,关爱和怜悯所有遭遇不幸和受侮辱的人,且不在乎他们的出身与社会地位。出于对纳斯塔西亚·菲利波芙娜(Настасья Филипповна)不幸命运的同情,他当众表示愿意娶她。他坚信,“怜悯是最主要的,也可能是唯一的全人类的生命法则”。他相信每个人的灵魂都是光明向善的,虽然鄙视加尼亚(Ганя),看透了他贪婪的丑恶嘴脸,但他还是可怜他,可怜他的堕落,希望能用自己的榜样来感化他。他爱周围的所有人,包容所有人的罪恶,渴望找到通往和谐的路。罗戈任(Рогожин)曾试图杀害他,但他还是以克制和宽容处之,当罗戈任刺死纳斯塔西亚·菲利波芙娜之后,他再次原谅了他,还与之一起躺在尸体旁相互怜悯。陀思妥耶夫斯基在作品中将梅什金塑造成他心中的理想人物,一个基督式的人物。

说他是“白痴”,固然是小人对他的贬损,但也的确有客观原因:他长期在国外生活,不谙人情世故,又身患癫痫,外表看起来像“白痴”;他生性谦和,与世无争,他一味同情和信任他人,面对他人的侮辱也只会忍让。他的美好品质与周围环境格格不入,这是他被人嘲笑的最主要原因。梅什金生活在一个充满矛盾与冲突的世界。小说的故事发生在农奴制改革后,这是一个最复杂不安的过渡时代,人们习以为常的一切传统都崩塌了,关于生命和存在的问题又让人惶恐不安。随着资本主义的发展,金钱至上的原则摧毁了一切道德法则,整个俄国就是一间“死屋”:大地主托茨基(Троцкий)利欲熏心、荒淫伪善,什么伤天害理的事都干得出来;加尼亚只要有利可图,就会将卑鄙事干到底,当他看见纳斯塔西亚·菲利波芙娜将十万卢布扔进火里,竟因受不了精神折磨而昏厥;列别杰夫(Лебедев)是个小丑、拍马逢迎者、阴谋家,为了利益甚至造谣诽谤公爵。还有叶潘钦(Епачин)将军、伊沃尔金(Иволгин)将军等都是道貌岸然的无耻之徒。在这个充斥着邪恶、虚伪、物欲横流的世界面前,梅什金的基督式的爱与和谐的思想显得苍白无力、滑稽可笑。他是一个堂吉诃德式的人物,真诚祝福他人幸福美好,但却不被理解,反遭嘲笑。或者正如阿格拉娅(Аглая)所说,他是“可怜的骑士”。堂吉诃德之所以可怜,是因为可笑,而梅什金公爵之所以可怜,是因为太过天真。在世态炎凉的社会他还以“匡救世人”为已任,希望用基督的大爱来感化大众。这一切的确不像“正常人”的行为。然而,基督在世时也是不被人理解的,在家乡也受人排挤,从这点看,梅什金身上的基督色彩就愈发强烈。

梅什金公爵虽然领悟了生命的真理,但无法用基督式的爱和顺从唤起人与人之间的和解与和谐。他的悲剧是爱情的悲剧、时代的悲剧、人性的悲剧,更是信仰的悲剧。作者通过他的形象展示了时代和社会的风貌,表达了内心深重的悲哀。小说的结尾梅什金“疯了”,成为真正的“白痴”,作者对现实的无奈由此也可见一斑。“真正完美的人”都走投无路,那么人类将何去何从?这才是“白痴”形象带给人们的思考。

41. 如何理解“美将拯救世界”?

“美”的主题在小说《白痴》中占据重要地位。在陀思妥耶夫斯基看来,美是人类生命的最高体现。在《论艺术的问题》一文中,作者反驳实用主义者用功利的理论来阐释美,他强调:“人类无法停止对美的需求、创造和体现。没有了美,人类可能就失去了活在世上的欲望。人类渴望美,不惜一切代价地寻求和接受它,甘愿拜倒在它的跟前,甚至不问它有何用。”陀思妥耶夫斯基认为,美可以净化和完善人的灵魂。不仅如此,他还坚信“美将拯救世界”。

“美将拯救世界”是小说主人公梅什金公爵说出的。然而,尘世的美不总能抵抗笼罩世间的恶,有时反而被后者侮辱,甚至摧毁。在《白痴》中,被侮辱的美的主题是通过纳斯塔西亚·菲利波芙娜——陀氏作品中最迷人最具魅力的女性形象体现出来的。女主人公拥有惊艳的美貌、纯洁的内心,在任何方面都高出凡人许多。她本性高傲、具有极强的自尊心,灵魂向往自由,而唯利是图、人性泯灭的社会却将她摧毁。她出身贵族,本有幸福的生活,家道破败后却沦为大地主托茨基的玩偶。尽管如此,她仍然保持内心的纯洁,憧憬灵魂重生,追求新的生活,散发出受尽苦难的美。与此同时,她也绝望地意识到,自己是折翼的鸟儿,注定灭亡——完美的女性最终沦为一帮禽兽和精神怪物的交易品。作者也通过这笔“买卖”展示了世人对待美的态度,以及美与恶的抗争:托茨基代表了上流社会对美的“花花公子”式占有,在享用了青春和美丽后又将其当做商品处理;加尼亚是对美持功利性理解的小市民代表,他决定娶纳斯塔西亚·菲利波芙娜为妻,为的只是那75 000卢布的陪嫁;罗戈任疯狂地爱着纳斯塔西亚·菲利波芙娜,为了她不惜付出一切代价——金钱、友谊、自尊,飞扬跋扈的他甚至跪倒在她面前。毫无疑问,罗戈任对她的确情真意切。但是,他对美的理解只是外在的、情欲的,这也决定了他对纳斯塔西亚·菲利波芙娜的态度是简单的占有式;唯独梅什金公爵能透过她美丽外表感受到受尽痛苦和折磨的灵魂。纳斯塔西亚·菲利波芙娜自然也向往和公爵一起生活,希望在他那里寻求救赎和保护。然而梅什金公爵仅能给她怜悯和同情式的爱,她不愿看到公爵自我牺牲,于是拒绝了他的爱,却不断受着内心矛盾的折磨。她开始疯狂地游走于公爵与罗戈任之间,在前者身上她看到了精神纯洁和完美的化身,在后者身上她发泄了所有积怨,并因此葬身刀下。

象征着外在的、人间之美的纳斯塔西亚·菲利波芙娜最终难逃香消玉殒的厄运,这说明尘世的美丽并不能拯救世界。按照作者的观念,"俄罗斯的上帝"才是真正美的理想化身,这个污秽不堪的世界也只有接受东正教的福音后才能改变容貌。陀思妥耶夫斯基在创作下一部小说《群魔》前曾写道,"基督之美将拯救世界"。换言之,真正能拯救世界的美在于灵魂的纯洁和对基督理想,即真善美的绝对忠诚。

42. 什么是"卡拉马佐夫习气"?

《卡拉马佐夫兄弟》(Братья Карамазовы)是陀思妥耶夫斯基的最后一部长篇小说。它集中了这位伟大作家所有的艺术天才,是作者多年来关于人、祖国乃至全人类命运思考的结晶。

卡拉马佐夫父子身上反映着俄国贵族精神状态的特点：精神空虚、不可遏制的利己主义。费奥多尔·卡拉马佐夫（Фёдор Карамазов）是最能概括“卡拉马佐夫气质”的人物。他是个极端的利己主义者，对妻儿没尽到一丝责任和义务，更把私生子当仆人使唤；他精神空虚、贪得无厌，小地主的寄生生活满足不了他不可抑制的贪欲，他常常跑到富人家去当食客，以恬不知耻的小丑行为讨好主人，等到死的时候已积攒了大量财富；他毫无道德约束力，只会恣意地放纵情欲。他婚后狂热地追求浪荡生活，两任妻子都无法忍受他的卑鄙下流行径，被迫离家出走。他不仅对流浪街头的白痴女人动邪念，还与大儿子为了格鲁申卡（Грушенька）争风吃醋，最后反目成仇。“在我死之后，随他陆沉也罢”，这就是费奥多尔·卡拉马佐夫的基本道德原则，只顾恣意妄为地生活，不管他人死活。

费奥多尔有四个儿子：德米特里（Дмитрий）、伊万（Иван）、阿列克谢（Алексей）和私生子斯麦尔佳科夫（Смердяков）。他们身上都能体现“卡拉马佐夫习气”（或称“卡拉马佐夫气质”）的不同方面。

德米特里粗野狂放、富有激情、自尊心强，同时又善良宽容。他是个矛盾的人物，善良与邪恶、高尚与卑鄙在他身上兼而有之。他一方面信仰上帝，崇敬《圣经》十诫的道德准则，另一方面又过着放浪形骸、德行败坏的生活，并因此懊悔不已。他在心理层面上体现了“卡拉马佐夫气质”。他憎恨自己的父亲，认为他掠夺了母亲留下的遗产。加之费奥多尔还妨碍他与格鲁申卡的感情。恼羞成怒的他多次扬言要杀死老卡拉马佐夫，但还是没有采取行动。他意识到弑父想法的罪恶感，还得出结论：这样的邪念只会在残忍不公的世界出现。按照这种逻辑，那么世上有罪的人就不止他一个，所有人在一切事情上都有罪。在梦里，他看见人类苦难的可怕画面，意识到自己对周围发生的一切都负有责任，必须铲除世上的恶。“为了梦中干瘦黢黑的母亲和婴儿不再哭泣”，他决定替世人受苦，因为所有人都是有罪的。德米特里对阿廖沙说：“我要去受苦，因为总得有人去承担苦难。”这里，陀思妥耶夫斯基让德米特里在自我净化的苦难中忏悔自己的罪过，以此来找到上帝。

伊万和德米特里在许多方面是对立的。他的秉性与拉斯科尔尼科夫相似，是思想激进的知识分子的代表。他是思想家、哲学家、一心想知道生命的意义。他富有激情、热爱生命，但不接受上帝创造的世界。他对阿廖沙说：“我不是不接受上帝，是不能也不愿意接受他创造的世界。”他时刻在善恶、美丑的尖锐矛盾中作悲剧性的挣扎。他一方面相信，当世人历经种种磨难、互相原谅的时候，世界上才会产生“永久的和谐”。另一方面又认为，世界上永远不会有公平，人类也永远不会幸福，因为未来几代人的幸福与和谐不可能通过这代人的痛苦和眼泪来换取。伊万的“反叛”是个人主义者的反叛。与其说他不相信世界和谐，不如说他根本就不希望它出现。他将自己置于一切道德标准之外，并得出“一切都可被允许”的荒唐结论。但伊万终究只是个理论家，他没有实践自己的思想。他恨自己的父亲和大哥，希望“一只害虫吃了另一只害虫”，但他没敢也没决心弑父。然而他“恣意妄为”的思想却在内心狠毒的斯麦尔佳科夫那里得到响应。伊万知道斯麦尔佳科夫想杀害父亲，并没有阻止他，反而暗中怂恿。

斯麦尔佳科夫的弑父行为是伊凡身上带有哲学思辨性的“卡拉马佐夫气质”的体现，也是无宗教信仰和虚无主义的结果。他没有原则，也没有任何见解。他由格里高利夫妇养育成人，但从来不知感恩，反而仇视世界，憎恨所有人，厌恶俄罗斯，乃至全人类。他身上有最卑鄙龌龊的市侩气息，觊觎老费奥多尔的财产，曾幻想卷上一笔资产逃到法国去。他在主人面前奴颜婢膝，背后却在父子矛盾中煽风点火、推波助澜。他看准德米特里要来找父亲算账，就支开在家的伊万，自己又佯装癫痫发作，抓住时机杀死了费奥多尔，还使德米特里蒙冤入狱。斯麦尔佳科夫厚颜无耻，道德沦丧到了极点，他是“卡拉马佐夫气质”最恶劣的体现。

阿廖沙是卡拉马佐夫家族中的正面人物。佐西玛(Зосима)长老将他教育成人，也教给他生命的最高真理。他性情温和、宽宏大度、顺从谦让、精神纯洁、爱所有的人，但他的成长也不是一帆风顺，历经了德米特里和伊万的“叛逆”。他之前笃信宗教，但是和伊万谈心后，特别是听完“宗教大法官”的故事后，放弃了信仰上帝，还俗离开了修道院。佐西玛长老死后没有奇迹发生，俗人对他的诋毁使阿廖沙陷入对上苍、对人的愤恨之中。后来是格鲁申卡的“一棵葱”治愈了阿廖沙，使他豁然开朗，并坚定了信念。他的成长就是克服“卡拉马佐夫气质”的过程。阿廖沙在灵魂上与索尼娅·玛尔美拉多娃和梅什金公爵接近，他时常调解人与人之间的矛盾，帮助他人找到自我，获得内心的平静与平衡。他身边总是围着受苦受难的人，特别是孩子们很喜欢他。小说的结尾，阿廖沙对孩子们发出了要永远“善良、勇敢和诚实”的号召，实质上是陀思妥耶夫斯基开出的根除“卡拉马佐夫气质”的良方。

43. 怎样理解《战争与和平》中安德烈和彼埃尔对生命意义的探寻？

“怎么办”、“将生命献给什么”，这是困扰19世纪60年代俄罗斯知识分子的两个话题。托尔斯泰（Л. Н. Толстой）从青年时期就开始思考生命的意义和人在生活中的位置，在“史诗小说”《战争与和平》中，作者将自己的思想体现在主人公安德烈·包尔康斯基（Андрей Болконский）和彼埃尔·别祖霍夫（Пьер Безухов）身上，他们在波澜壮阔的历史中探索了生命的意义。

俄国贵族青年安德烈和彼埃尔都受过良好的教育，有着高尚的道德和优秀的精神品质。他们都梦想以祖国之名完成一些壮举，甚至以个人的力量改变历史的进程。军人世家出身的安德烈幻想同拿破仑一样建功立业，然而他却被荣誉冲昏了头脑。在阿乌斯特尔利茨战场上，他不仅没成就伟业，还险些丧命。他被俘后见到了拿破仑，然而他心中的英雄此刻变得异常渺小，之前追求的理想也随之破灭。妻子的死亡加剧了他的痛苦和悔恨，他开始思考生命的意义，认为自己以前都为荣誉和他人而活，今后要为自己和亲人而活。老橡树下的沉思让他重拾生活的信念和力量。娜塔莎的纯洁、热情和蓬勃朝气使他感到全身充满活力，在娜塔莎的爱中他找到了真正的幸福，然而短暂的幸福很快被1812年卫国战争打断。重返战场的安德烈不再是追名逐位的人，而是以保家卫国为最高目标的优秀指挥官。他将自己完全献给了军队，关心和同情自己的士兵和人民，将自己的命运同所有人的命运融为一体——这又成为安德烈心中新的理想。安德烈在波罗金诺战役中受重伤，当他看见曾经引诱娜塔莎的安纳托尔（Анатоль）被锯断腿的时候，之前的仇恨顿时烟消云散，取而代之的是同情和博爱。他意识到，不仅要爱自己的朋友，还要爱自己的敌人。上帝赐予的博爱让安德烈更加眷恋这个世界。他后悔因忌妒抛弃了娜塔莎，心中充满了愧疚和伤感。与娜塔莎的重逢使安德烈喜极而泣。他彻底原谅了她,还比以前更爱她。安德烈在娜塔莎的陪伴下,度过了生命中最后简单而平静的日子。安德烈的一生是悲剧的,不幸接踵而至,但他在灾难中明白了生命的意义,找到了生命中最珍贵的东西——爱。

彼埃尔是托尔斯泰最喜欢的主人公。他从小接受的欧洲教育,对俄罗斯上流社会的虚伪很不适应。他找不到生命存在的意义,整日和空虚的贵族青年混在一起,沉迷于狂饮胡闹的荒唐生活。和安德烈一样,他也有雄心壮志,但他缺乏安德烈那样积极的态度和雷厉风行的作风。为了找到真理和生命的意义,他投身共济会,但共济会的追名逐利和虚伪很快使他大失所望。1812年卫国战争改变了彼埃尔的想法,他决心到波罗金诺的战场上实现自身价值。为了投身最激烈的战斗,他甚至加入了拉耶夫斯基的炮兵连,在战场上他感受到心中“隐藏的强烈的爱国主义精神”。然而对个人功绩的幻想又使他回到了被大火烧尽的莫斯科,他想刺杀拿破仑来结束欧洲的灾难,却被当做纵火犯抓进了战俘营。在那里他和“自然的”普拉东(Платон Каратаев)相识,这个“驯顺”的俄国农民对自己生命平淡本质的认识改变了彼埃尔对命运的看法。在监狱里,彼埃尔经受了精神和肉体折磨,这也教会了他珍视生命和生活中的每一丝喜悦。他坚信,人类是“为幸福而生的”,所以要同情人的苦难,坚决反对社会的恶。比安德烈幸运的是,他九死一生,最后过上了幸福的家庭生活。然而在小说结尾,彼埃尔又奔向“伟大”的事业,参加了十二月党人秘密组织。虽然小说未交代彼埃尔的结局,不过按照托尔斯泰的想法,他会和十二月党人一起出现在议会广场,后被发配西伯利亚服苦役。彼埃尔最终在家庭和社会生活中找到了幸福和生命的意义。

44.《安娜·卡列尼娜》中女主人公悲剧的成因是什么？

《安娜·卡列尼娜》是托尔斯泰的第二部长篇小说，创作发表于1873—1877年。如果说在《战争与和平》史诗般的历史背景下，托尔斯泰表达了家庭是"人们真正的生活"的本源，那么在《安娜·卡列尼娜》中，作者则通过女主人公安娜的爱情悲剧，展示了和谐的家庭环境是如何坍塌的。

"奥博朗斯基的家里一切都乱了"，安娜去莫斯科调解哥哥和嫂子的家庭矛盾，在火车站碰见年轻的军官渥伦斯基（Вронский），后者被安娜的美貌和气质征服，并追随她去了彼得堡。两人相互的好感很快演变成炽热的情爱，但他们很快为爱情所累。安娜和渥伦斯基都无法对世俗的非议置若罔闻，都无法放弃自己坚持的生活方式。最后，受尽折磨的安娜在绝望中结束了自己的生命。

托尔斯泰将安娜塑造成"迷途"同时又"无罪"的女人。她的命运极富戏剧性：安娜自幼失去父母，成年后听命于姑母，嫁给了比自己大20岁的大官僚卡列宁（Каренин）。丈夫心肠冷漠、循规蹈矩，成天热衷于功名利禄。婚后的安娜过着缺乏爱情、枯燥乏味的生活。这对于热爱生活、向往纯洁爱情的安娜而言，这场婚姻是不幸的开始。安娜也曾努力去爱丈夫，当她发现"实在爱不了时"，就将所有的爱倾注到孩子身上，孩子成为她对这个家庭的唯一挂念。她在生命中最看重情爱和母爱，她想同时成为有爱情的女人和完美的母亲，而这两个角色注定在她身上不能结合，她的悲剧也就在所难免。和卡列宁在一起生活时，她缺少爱情；与渥伦斯基私奔国外后，她又放不下留在俄罗斯的儿子，也不幸福。回国后的处境让她痛不欲生：她发现周围的贵妇人都过着荒淫虚伪的生活，在外面有情人，但碍于封建礼教，仍与丈夫维系着虚伪的婚姻。而正是这些虚假的人指责安娜是"犯罪的妻子"、"堕落的女人"。上流社会对安娜关上了大门，这无疑是对安娜的沉重一击。和卡列宁离婚后，安娜失去了儿子，也失去了社会地位，渥伦斯基的爱成了她生命的全部。而渥伦斯基身上的贵族军官习气根深蒂固，自私本性使他根本无法理解安娜。他发现安娜给予他的爱情"只是他所期望的幸福中的沧海一粟"，就不愿为安娜放弃自己的自由和事业；安娜频繁的醋意大发也使得他的爱情逐渐冷却，两人的隔阂不断加深。安娜最后的精神寄托也化为乌有。

安娜热爱生活，坚强勇敢，执着地寻找幸福，但幸福却与之失之交臂。安娜所生活的上流社会是个庞大的虚荣的集市，它扼杀真实的感情，纵容虚情假意，从某种程度上讲，是虚伪的社会将她推向绝路。所以，安娜的悲剧是社会的，而非个人的。托尔斯泰本人对安娜的悲剧的态度也很复杂。小说的卷首语援引了《旧约》中耶和华的话："伸冤在我，我必报应。"既然世间男女都无权评判安娜，那就请上帝来评判吧！

45.《伊凡 · 伊里奇之死》中主人公对死亡的认识有哪些？

托尔斯泰在写完《复活》后经历了思想危机，他的创作偏向宗教题材，死亡成了他晚期作品的一个重要主题，最有名的代表作莫过于《伊凡 · 伊里奇之死》(Смерть Ивана Ильича)。小说描写了一个在官场混迹多年的普通人的命运，生动地刻画了他在面对死亡时的心理变化。

如果不患癌症，伊万·伊里奇还对自己的生活很满意，“所有的人生目标都实现了”，家庭“幸福”，仕途光明，上级肯定他，同僚尊重他。可突如其来的灾难让他明白，这一生不该这么过。

对于这位官员的遭遇，没有人同情，所有人都庆幸“死的不是我”。伊凡·伊里奇找医生看病，想了解自己病情，但医生对他的疾病和痛苦表现得很冷漠，偶尔表现出的关心也只是出于礼节。更让他心寒的是家人的态度。妻子没耐心听他述说病情，更没心思倾听他内心的痛苦。她流露出的忧伤和关心只是为了尽妻子的义务。女儿对伊凡·伊里奇的病更是不闻不问，照常去剧院看戏。妻子的弟弟明明感觉“他像个死人，眼神里没有一点光”，却坚持说他“一点变化都没有”。伊凡·伊里奇觉得自己生活在谎言中，妻子对他说谎，孩子对他说谎，周围的人都说谎，自己的人生就是个谎言。死亡让伊凡·伊里奇对生命有了重新认识。他痛感自己的一生过得虚假、自私、庸俗、毫无目的。

随着病情不断加重，伊凡·伊里奇对死亡的恐惧感也逐渐加强，他甚至看见死亡就在窗帘后面一闪而过。更不幸的是，他的精神状态比健康状况恶化得更快。是仆人盖拉辛（Герасим）的出现拯救了他，他是所有人中唯一同情怜悯他而不欺骗他的人。这个浑身透着生命力的俄罗斯农民始终真诚地服侍伊凡·伊里奇，他的言谈和举动十分自然，没有任何做作和虚情假意。为了使病人舒适，他甚至整夜扛着他的双腿，嘴里还说：“您可不用操心，老爷，我回头会睡个够。”一天夜里，伊凡·伊里奇打发盖拉辛走，他却直截了当地说：“我们大家都要死的，我为什么不能伺候你呢？”伊凡·伊里奇被盖拉辛的真诚和质朴感动了，他觉得和盖拉辛在一起感觉很好。别人的身上散发出的生命力都会刺激甚至伤害到伊凡·伊里奇，而盖拉辛身上的活力却会让他变得平静。伊凡·伊里奇最终也克服了对死亡的恐惧。

伊凡·伊里奇的死是一种顿悟，是向生命更高阶段的迈进。他因癌症而死，但死亡却带他走向通往永生的光明大道。正如主人公临死感受到的，“没有死，只有光。多么快乐啊！”也有文学评论家认为，主人公临死前醒悟了，不是因为他看穿了自己生活环境中的虚伪和不道德，而是他在临死前原谅了所有折磨过他和欺骗过他的人，因此感受到了喜悦。

46. 如何理解《复活》中“复活”的含义？

《复活》创作于1889—1899年间，是托尔斯泰的最后一部巨著，也是他一生思想和艺术的总结。小说的开头援引《马太福音书》中的几段话，证明人都是生来有罪的。于是乎，如何赎罪、如何饶恕别人的罪，就成了小说要探索的问题，而“复活”也点明了小说的主题。

小说讲述了男女主人公聂赫留朵夫（Нехлюдов）和玛丝洛娃（Маслова）灵魂复活的不同轨迹。聂赫留朵夫曾是个年轻、英俊、善良、纯洁的大学生，富有自我牺牲精神，向往一切美好的事物。可他在兵团服役期间染上了许多恶习——喝酒、打牌、玩弄女性。他在上前线前在姑妈家小住了几天，其间诱奸了三年前就喜欢上的婢女玛丝洛娃。几年后，他意外地在法庭上见到了她。这一回他是陪审团成员，而她是被诬告犯有杀人罪的妓女。他感到无比内疚，认为是自己的罪恶酿成了玛丝洛娃的堕落。“犯罪的是我，受到惩罚的却是她。”他的良心受到深深的谴责，于是决定用实际行动拯救玛丝洛娃的厄运,以此“清扫”自己的灵魂。聂赫留朵夫开始东奔西走,企图打通一个个要害部门,为玛丝洛娃洗清罪行。他找了莫斯科最好的律师去上诉,失败后又去告御状。她在探监时向玛丝洛娃忏悔,请求她的宽恕,并向她求婚。但玛丝洛娃拒绝了他的“牺牲”。为了赎罪,聂赫留朵夫变卖了家产,跟随玛丝洛娃一起流放西伯利亚。流放途中到处是恶势力横行,监狱的所见所闻更使聂赫留朵夫的心灵备受折磨,他不知如何战胜恶。后来他在福音书中找到了救赎:“永远饶恕一切人,要宽恕无数次,因为根本没有一个人是自己没有罪因而可以惩罚纠正别人的。”《登山训众》中的训诫又使他感动不已。他在《圣经》中找到了将受苦受难的人们从罪恶中解救出来的方法。于是,“从这天晚上起,聂赫留朵夫开始了一种新的生活”。聂赫留朵夫的复活是条赎罪的道路,是通过拯救玛丝洛娃的命运开始的,而真正的救赎还是来自宗教。

玛丝洛娃是小说中的最丰满、最动人的形象。她肉体和精神上都受过伤害,是被魔鬼诱惑的堕落天使。当聂赫留朵夫第一次去监狱看她的时候,她竟然认不出这个站在面前的人就是自己曾深爱过的人。聂赫留朵夫的认罪和表白不仅没让她感到快乐,反而使她陷入痛苦的回忆。她心头积怨多年的愤怒和仇恨终于在这一刻爆发:“我是苦役犯,你是公爵,你到这里来干什么?你想利用我来拯救你自己,你今世利用我作乐,来世还想利用我拯救你自己!”然而最终她还是被聂赫留朵夫多次的真心表白和实际行动感化了,她从绝望中醒悟过来,感情开始复苏,对生活有了些许希望。对于玛丝洛娃而言,流放是一场灵魂的洗礼,她的真正复活也是从接触政治犯开始的。玛丝洛娃看到,这些“优秀的人们”为了人民的利益不惜与自己的阶级决裂,为了实现崇高的理想不惜牺牲自己的自由和生命。政治犯中的一位民粹党人——西蒙松(Симонсон)彻底改变了玛丝洛娃的命运。他的宗教观认为,每个人对这个世界都有责任,每个人都要用他的活力去拯救世界。玛丝洛娃的苦难吸引了他,他认为自己有能力且有责任去解除她的厄运,于是向她求婚了。和政治犯的朝夕相处也让玛丝洛娃明白,自己也是众多被凌辱和被压迫的人民中的一员,自己身上的罪孽是可以洗清的。玛丝洛娃在政治犯中找到了真正的朋友,重拾对善良和幸福的信念。

小说的尾声,聂赫留朵夫去车站送别玛丝洛娃,此时站在他面前的已不是精神萎靡、郁郁寡欢的堕落女子,而是乐观开朗,积极向上的少女,“红彤彤的脸蛋上绽放出爽朗的笑”。她精神和肉体上都重获新生,并彻底饶恕了聂赫留朵夫的罪过。如果说聂赫留朵夫的复活是赎罪之路,那么玛丝洛娃的复活则是灵魂得救的道路,是精神的复苏,是有尊严生活的开始。男女主人公在历经了这一段人生磨炼后,以不同的方式完成了精神上的复活。

47. 简述契诃夫短篇小说的艺术特点。

在俄国文学史乃至世界文学史上,契诃夫(А. П. Чехов)以短篇小说著称。他与莫泊桑、欧·亨利被誉为欧美三大短篇小说家。

契诃夫的小说创作可分为三个时期:1886年以前的早期,契诃夫以“契洪特”(Чехонте)的笔名活跃在幽默刊物上;1886—1892年的中期,欢乐俏皮的契洪特逐渐变成严肃深沉的契诃夫,他的小说创作进入成熟阶段;1892—1903年的后期,契诃夫的创作达到顶峰。三个时期作品的艺术特点各有千秋，却又一脉相承。

“简练是天才的姊妹”。契诃夫的小说短小精悍，言简意赅。他有意淡化故事情节，往往开篇就直奔主题，能“一下子进入读者的大脑”。契诃夫生性幽默诙谐，又略带忧郁，这也是他小说的一大特点。

契诃夫在早期创作了许多幽默浅显的小说，大多是风趣逗乐的段子。如《在剃头店里》（В цирюльне）中，剃头匠爱上了年轻的安娜，正巧安娜的父亲去他那儿剃头。剃头匠起先对其万分热情，但当得知老头要把女儿嫁给一位将军时，便一怒之下将他哄出店。而老头则顶着剪了一半的“阴阳头”参加了女儿的婚礼。类似的小说还有《外科学》（Хирургия）、《江鳕》（Налим）、《马姓》（Лошадиная фамилия）等。在契诃夫早期小说中还涌动着忧郁与幽默融合的“潜流”。作者以足够的睿智看透了生活中的荒诞和滑稽，对人性的弱点予以嘲弄，也为这些生活在荒诞和滑稽中的人抹一把泪。如《万卡》（Ванька）中，在城里做苦工的万卡给乡下的爷爷写信诉苦，信封上只写了“乡下爷爷收”。《苦恼》（Тоска）中的马车夫无法挣脱丧子之痛，拉每一个客人都在宣泄内心的苦闷，却遭到所有人的漠视。无奈之下，他只好向马儿诉说心中的苦痛。这些故事读起来都很可笑，但幽默中却透着生活荒诞、人生孤独和痛苦的气息。

在中期创作中，契诃夫的忧郁特点凸显，幽默愈发内敛，喜剧精神得到升华。《草原》（Степь）描写了小男孩叶果鲁什卡（Егорушка）坐着马车途经草原时的见闻和感受。小说没有明显的情节，似乎是一幅幅没有联系的画面的拼接，人物从头到尾也没有变化。按契诃夫自己的话，他在《草原》中创造出“令俄国人感到亲近的气味和声调”，这是对俄国大自然感伤的抒情，对俄国农民身上原始生命力忧郁的抒情。《第六病室》（Палата №6 ）中，外在的幽默没有了，尽是生活的荒诞：年轻的大学毕业生拉京（Рагин）来到小医院工作，发现这里乌烟瘴气，庸医们根本不会看病。在与“疯子”格罗莫夫（Громов）有了几次投机的谈话后，拉京也被关进了第六病室，第二天就死去了。契诃夫对人生荒诞性的理解在这种作品中达到了极致。

契诃夫后期的创作保留了原有的荒诞感，抒情诗意化更加鲜明，同时也加入了对民族性格的批判和思考。《带阁楼的房子》（Дом с мезонином）是一篇诗意盎然的小说，依旧没有什么情节。作者认识了住在阁楼上的两姐妹——利季娅和热尼亚。姐姐是个实干家，精明强干，爱做善事。妹妹和姐姐想法不同，她认为如果不能从根本上改变社会不公，一切善举都是徒劳。后来主人公和热尼亚相爱了，但是姐姐不同意他们在一起，将妹妹送出了国。小说在主人公的无奈中结尾了。在这篇小说中，契诃夫把生活中不同的声音和各种复杂因素杂糅在一起，构成生活的原生态，让读者在“复调”中感受生活的矛盾性和无奈。小说《姚内奇》（Ионыч）讲述了一个有抱负的年轻人被庸俗的生活所融化而最终变成行尸走肉的悲剧。《套中人》（Человек в футляре）揭露了俄国人民族性格中害怕变革、谨小慎微的弱点。《带狗的女人》（Дама с собачкой）写出了主人公“戴着面具生活”的痛苦，道出了人与人无法交流和沟通的苦闷和孤独，再现了生活的荒诞性。

契诃夫开创了自由写作的先河。他的小说没有严谨的构架，也没有完美的结构，更没有扣人心弦的情节。它随意开始，随意结束，却充满了对生活的感悟和思考。

48. 简析契诃夫戏剧的艺术特点(以《樱桃园》为例)。

在契诃夫之前,俄国文学史上还没有一位作家能在小说和戏剧两个领域同时达到让人难以企及的高度,并对文学创作产生革新式的影响。

契诃夫的戏剧创作之路并不像小说那样一帆风顺。1896年,《海鸥》(Чайка)的首演曾让整个彼得堡嗤之以鼻。两年后这部戏却在莫斯科艺术剧院起死回生。此后在这里上演的《万尼亚舅舅》(Дядя Ваня)、《三姊妹》(Три сестры)和《樱桃园》(Вишнёвый сад)更是奠定了契诃夫俄国戏剧大师的地位。契诃夫戏剧的成功一方面和斯坦尼斯拉夫斯基的导演艺术分不开,另一方面同它自身独特的艺术性紧密相连。

《樱桃园》创作于1903年,是契诃夫的绝笔。它将契诃夫戏剧的艺术特点发挥到极致:抒情色彩浓郁,情节淡化,戏剧没有冲突性,也没有事件性,人物非对话性,整体舞台显示出静态性。故事围绕一个种满樱桃的庄园的拍卖展开。樱桃园的主人——没落女贵族朗涅夫斯卡娅(Раневская)从法国归来。她和哥哥加耶夫(Гаев)无法维持这个庄园的经营,就要将它拍卖。他们家以前农奴的儿子——暴发商人罗巴辛(Лопахин)建议砍掉樱桃树,盖上别墅,坐收租金,但遭到女贵族和她哥哥的拒绝。最后,樱桃园还是没逃脱被拍卖的命运,买主罗巴辛成了樱桃园的新主人,朗涅夫斯卡娅离开了樱桃园。

《樱桃园》里没有任何戏剧冲突,剧中没有反面人物。朗涅夫斯卡娅虽是女地主,但她可爱善良,还教农奴的儿子识字。她懂得欣赏美,力求保住全俄罗斯最美的樱桃园。她多愁善感,很忧郁,整个人充满了诗意的美。罗巴辛虽然没有文化,可是他感情非常细腻，是个“非典型”商人。他对朗涅夫斯卡娅心存感激，感情复杂地爱着她，像爱一位母亲，也像是爱一个女人。他拍下樱桃园时曾万分激动，而当他看见朗涅夫斯卡娅哭泣时，心里却很难受。契诃夫把樱桃园的故事写成了一部充满淡淡忧郁的戏。剧中没有商人和老贵族的争斗，整个事件平淡如水，没有半点波澜。正如契诃夫评价戏剧创作时说的，在舞台上应该像在生活中一样的复杂和一样的简单。人们吃饭，就是吃饭，但与此同时，或是他们的幸福在形成，或是他们的生活在断裂。

契诃夫的戏剧具有强烈的象征性，《樱桃园》也不例外。大学生特拉菲莫夫（Трофимов）对樱桃园的拍卖不以为然。他认为樱桃园代表剥削，每一棵樱桃树后面都有农奴的眼泪，应该快乐地离开樱桃园，告别旧生活。朗涅夫斯卡娅的养女安妮雅（Аня）听从了他的劝慰，二人高兴地离开了樱桃园，开始了新生活。也有人认为，樱桃园具有象征性——人类要进步，但是随着人类的进步，诗意和美就会消失。不同的国度、不同的民族、不同的人在不同的年代都会无奈地与美和诗意告别。这是我们无法改变的事实，也是很无奈的规律。契诃夫在《樱桃园》中将这个规律展示给所有人看。他突出了人与时间、人与命运、人与环境无法解脱的冲突。在命运面前，人类的一切都是可笑的。所以，契诃夫的主人公坦然地接受了命运的打击，对未来又建立了信心——丢失庄园的朗涅斯卡娅又回到了巴黎情人那里。实际上，整个俄罗斯乃至世界就是个美丽的樱桃园，它无边无际、美不胜收，蕴含了希望和未来。

契诃夫的戏剧创作风格对整个后世戏剧发展影响深远。瓦罗金（А. М. Володин）的《秋天的马拉松》（Осенний марафон）继承了契诃夫对外部舞台的抒情。万比罗夫（А. В. Вампилов）

的《打野鸭》（Утиная охота），以及彼特鲁舍夫斯卡娅（Л. С. Петрушевская）的大部分作品发扬了契诃夫戏剧内在的冷酷、忧郁精神。契诃夫的戏剧对20世纪40年代欧洲荒诞派戏剧的产生也颇有启发。

四、20 世纪

49. 高尔基早期小说有哪些特点?

高尔基（М. Горький）的早期创作包含浪漫主义（роматизм）和现实主义（реализм）两类作品，浪漫主义色彩浓厚的作品有《马卡尔·楚德拉》（Макар Чудра）、《鹰之歌》（Песня о Соколе）、《伊则吉尔老婆子》（Старуха Изергиль），现实主义小说的创作则围绕城市下层小人物展开，如《切尔卡什》（Челкаш）、《玛莉娃》（Мальва）、《奥尔洛夫夫妇》（Супруги Орловы）、《沦落的人们》（Бывшие люди）等。高尔基早期作品的总体特征是现实主义与浪漫主义交织，呈现出欢快明朗的色调和灵活多变的风格，以充满激情的笔调塑造个性鲜明的人物形象，旨在通过社会批判唤起人们对于生活的积极态度。

在高尔基创作的浪漫主义色彩浓厚的作品中，主人公通常生活在远离现实的理想世界里，孤身一人与现实世界的丑恶相抗争，大自然是其具有灵性的同伴，然而却避免不了终将毁灭的悲剧命运。有趣的是，这类作品中的叙述者和故事的主人公通常并非同一个人，经由对比这二者间的差异，作者暗示浪漫主义立场是不可靠的。《马卡尔·楚德拉》是这方面的代表作，作者借老马卡尔·楚德拉之口，讲述了茨冈人罗伊科的故事。他为了抵御恋人的诱惑而杀死了她，自由对他而言重于爱情，也重于生命。叙述者赞同主人公的力量与美，却不赞同他们以毁灭的方式解决冲突。《伊则吉尔老婆子》则不动声色地拉近了叙述者伊则吉尔老婆子和她所鄙夷的女主人公拉拉之间的距离，最终使得原先看来并无相似之处的两个人物合为了一体。作者想要阐明的是，不论主人公的浪漫主义理想看上去有多么美好、多么崇高，它仍会遭到与主人公极其相似的叙述者的否定，因此，浪漫主义立场的前景是渺茫的，必须转向较为清晰的现实主义立场。

高尔基早期现实主义作品中的主人公实际上脱胎于其浪漫主义小说中的故事主人公形象，两者之间的联系在于他们都属于被“抛出社会的人”，意即被迫脱离旧的社会关系并一时找不到自己在新社会中位置的人们。这些无业游民和流浪者是俄罗斯沿着资本主义道路发展的必然产物，他们亲眼目睹了新旧两种浪潮的交替翻涌。也正因为如此，这些人感受之深刻和丰富的程度是过去几代人所无法比拟的，作者从这些大量感性丰富的材料中提炼出了对崭新世界的看法。高尔基早期小说中自传主人公的现实主义倾向是其洞察了纯粹浪漫主义世界观局限性的表现，他们内心当中对现实生活的理想主义反抗和对浪漫主义想象的批评矛盾地交织在一起，使他们成为如岩浆般躁动不安的阶层，高尔基认为正是这一点赋予了流浪汉群体特殊的魅力。

另外，高尔基早期作品的寓意颇丰，作家通常为了表达某一特定的抽象理念而创造出相应的形象，再由此形象构筑整篇文章。在此过程中作家保持沉默，并没有宣称形象本身是生活真理的化身。这里最重要的是艺术表现力，代表作有《鹰之歌》(Песня о соколе)、《海燕之歌》(Песня о буревестнике)。毫无疑问，高尔基的作品达到了艺术的新高度。

50. 简析《母亲》中的母与子形象。

长篇小说《母亲》(Мать)(1906—1907)使高尔基声名远播。这部小说被认为是俄罗斯文学史上社会主义现实主义的第一部典范作品。社会主义现实主义作为一种新现实主义的表现手法，其核心理念在于相信现实能够影响到社会人，当然，社会人对现实环境的影响也是必然的。

作者在长篇小说《母亲》中提出的问题是：普通人是否有能力与历史时代发生个人层面上的联系？这种联系是如何发生的？高尔基把母亲尼洛夫娜置于作品的中心，并以她和儿子巴维尔之间的关系作为主线进行叙述。这样一来，便可以把具体历史时期的革命思想与母亲的永恒理想加以对比。什么是母亲的永恒理想？这便是对儿子无条件的爱和支持。正是因为母亲尼洛夫娜对于儿子巴维尔的爱，后者所带来的思想在她看来并不是抽象的真理，而是最贴近生活、最让她感到亲切的生活真相。母亲的思想正是在这一步步的熏染中成熟起来，从盲目无知到豁然开朗，从自我封闭到积极与世界结合，最终成为了一个具有先进思想的女性革命者。

探索一个人的心灵不断成长的过程是《母亲》的叙事核心。正是通过母亲这一形象，高尔基表达了他对革命的独到见解：母亲以她女性的智慧和温柔调和了儿子激进的马克思主义思想，并为革命的进程注入了和谐与美——对于作者来说，革命的首要目的是要确立道德伦理价值观，即爱以及对自身和对生活、纯洁灵魂的信任。

与母亲思想转变的清晰脉络相比，儿子巴维尔走向一名真正革命者的道路是隐而未现的。在小说的开端，作者首先向我们描绘了巴维尔的父亲米哈伊尔的阴郁面容，使我们惊惧于工厂日复一日、浑浑噩噩的生活竟能将人扭曲到此种状态。巴维尔会不会也沿着父辈的悲惨道路滑入泥潭呢？幸运的是，作者借母亲之眼发现他并未堕落，而是发生了某种不易察觉的变化，“他在专心致志地从生活的暗流中向一旁的什么地方游去”。正是从这里开始，停滞的时间之流被打断了，到了小说的第四章，巴维尔已经进化成一个成熟而自信的革命者了。后来我们得知，他转变的契机是阅读讲述工人生活真相的“禁书”以及与先进的知识分子接触，这使他逐渐成为了“理性拯救人类”信条的坚定拥护者。“理性拯救人类”的信条也是作者在长诗《人》（Человек）中提出的，但在本篇小说中作者显然更倾向于多元化的阐释，即将母亲的那种以心灵和爱感受周遭变化的方式包括在内，不再将“理性”和“心灵”作为两极对立起来。

高尔基之所以将母亲与儿子的关系定为叙事的中心视角，是与其在与历史、与当代事件的联系中展现个性成长的创作构思密不可分的。这种创作构思又在小说的布局结构中得到了体现。形象地说，这种布局结构是一个倒置的金字塔，它的基础是开端的交代，这里个人与周围环境的联系最少，人远离与他对立的现实，远离真正的时代洪流，沉湎于灰色的、一成不变的日常生活中。“社会主义者”的出现和新的自由思想的渗入扩大了个人与世界的联系，同时也扩大了这两者相互作用的范围和力度。创作构思和布局结构的最高层面是倒置的金字塔之顶，亦即最宽大的底座部分。在这里主人公与自己的时代完全结合在了一起，彻底摆脱了孤立于世界的状况。

51. 简述高尔基的戏剧创作成就。

高尔基（М. Горький）的主要艺术成就无疑是小说创作，但他也一直没有放弃在戏剧领域的耕耘，他的 16 部戏剧作品各具特色，无论在当时还是现今都具有相当的影响力。

在 16 部戏剧当中，最先创作的两部戏剧《小市民》

(Мещане)和《在底层》(На дне)是最具影响力也最受好评的作品,其中后者被认为是俄罗斯戏剧史上的重要现象。在《小市民》中,作者饶有兴味地铺陈了旧式商人阶层的小市民日常生活场景,并将戏剧冲突设定在老一辈和新一代的矛盾斗争上。作者描绘了一个刚刚登上历史舞台的新群体——具有健康民主思想的工人以及有劳动意识的知识分子,他们对自己的能力和实力颇具信心,认为可以按照设定的蓝图规划自己的生活。这部剧作在很大程度上借鉴了契诃夫心理剧中"表现人物内心冲突"的艺术手法,在上演时获得了很大的反响。紧接着,高尔基完成了三部讲述知识分子生活的戏剧《避暑客》(Дачники)、《太阳的孩子们》(Дети Солнца)和《野蛮人》(Варвары),讽刺当时的知识分子阶层没有深度,缺乏真诚,脱离群众,深陷权利的洪流。另一些剧作是在国外创作的,多以工人阶级的革命斗争为题材,如《仇敌》(Враги)、《最后一代》(Последние)、《瓦萨·日列兹诺娃》(Васса Железнова)、《怪人》(Чудаки)、《会面》(Встреча)等。

《在底层》可以说是高尔基全部戏剧创作的代表。作者试图通过这部戏剧为自己的流浪汉题材小说做一个总结,就像他本人所说的,"这是我对'过时人物'的世界将近20年观察的总结"。所谓"过时人物",是指那些被生活挤出常轨的人、沦落的人、流浪汉等。

剧中两种人生哲学发生了激烈的碰撞:一种是游方僧鲁卡(Лука)的"怜悯说",即他认为每个人都应该怀有慈悲心(Человеку жалеть надо)。因此,他满腔柔情地倾听周围每一个人的不幸遭遇,并以这些可怜人最想听到的话安慰他们——鲁卡向安娜许诺了来世的生活,似乎完全相信娜斯佳的白日梦,对阿克基奥尔讲述治疗酗酒者的良药。虽然他不停地说谎,但这其实是“救赎的谎言”，鲁卡相信，“真相对治愈灵魂并不总是管用的”（не всегда правдой душу вылечишь）。而流浪汉沙金（Сатин）则持与之对立的思想，他坚信“怜悯会将一个人看低”，事实上每个人都是顶天立地的、具有完整人格的。他的一句名言经常被引用：“人——意味着高贵！”（Человек — это звучит гордо！）。然而，生活本身却比这两种观点都要复杂深奥得多，一方面，鲁卡为众人制造的幻想毫无悬念地破灭了，阿克基奥尔选择了自杀，并且他远非唯一的受害者；另一方面，沙金的理念也未被贯彻到底，没有一个寄宿者在走出去的时候是昂首挺胸的。戏剧的最后一幕似乎为一丝羸弱的希望埋下了伏笔：人们至少开始互相倾听，并且开始思考人生的重大问题了。

西方文学评论家在提及《在底层》时曾经指出，“就戏剧结构而言，这是高尔基两部最优秀的剧作之一。”从这部戏剧的结构上可以看出，高尔基显然是把契诃夫剧作的“多声部”原则和传统的家庭生活戏剧着重表现“内在纠葛”的方法结合起来，把多种多样的人生哲学之间的冲突浓缩到一批“夜店”房客的矛盾关系中加以表现，让每一种简洁都在和其他观点的交锋中充分显示自身，从而使观众在不知不觉中参与了剧中人物的争论，并从中受到极大的启示。精神心理冲突无疑是该剧的基本冲突。剧情发展的紧张程度主要不是取决于人物行为及其变化，而是取决于人物之间的争论结果的逐渐显露。整个剧本没有曲折离奇的情节，不追求刺激的廉价效果，而主要通过包含激情和哲理的对话独白展示人物心理特点及彼此之间的观点冲突，语言生动凝练，形象栩栩如生。凡此种种，都表明《在底层》既是一部社会哲理剧，又是一部社会心理剧。

52. 蒲宁小说的艺术特色有哪些？

蒲宁（И. А. Бунин）一般被认为是“知识派”（поэты-знаневцы）的代表人物之一，这一流派的名称取自高尔基（М. Горький）创办的一家名为“知识”的出版社（книгоиздательство «знание»），这一出版社聚集了颇有发展前途的一批青年作家，其特征是具有公开、鲜明的倾向性，在美化了的报刊文字中表达强烈的革命意愿。蒲宁与库普林（А. И. Куприн）、安德烈耶夫（Л. Н. Андреев）可以说是从这一派系中成长起来的最富个性的三位重要作家。然而蒲宁的不同之处在于，他的很多作品中虽然涉及了当时的社会热点问题，却始终保持着一种冷静而超脱的态度，这在文学领域中政治倾向如热病一般蔓延的20世纪二三十年代是十分少见的。这种不与时俯仰的创作观之形成，一方面归因于蒲宁的阶级属性——没落的贵族阶级出身使他在少年时期就感受到一种“被过去遗忘在当下之岛”的无奈，另一方面则可以追溯到蒲宁对老派创作风格和技巧的欣赏，不论是在其诗歌还是小说创作中，蒲宁都坚持了象征主义前的传统创作方法，被认为是“象征主义时代唯一重要的非象征主义诗人”。

蒲宁对屠格涅夫和契诃夫传统的继承主要体现在抒情短篇小说的创作上，换句话说，这三位作家都具有易见的抒情性特质，而这种特质通常伴随一种哀伤的氛围传递出来；其次是驾驭短篇体裁的高超能力，这意味着创作者既要掌握精准到位的语言，又要在对内容的把握上比一般长篇小说作家更具深度和广度。正是在这一意义上，我们说蒲宁是“屠格涅夫和契诃夫传统在现代文学中的杰出代表”。与屠格涅夫一样，蒲宁最早是以诗人的身份登上文坛的。他的诗歌深受普希金、丘特切夫、费特、迈科夫、阿·康·托尔斯泰和波隆斯基的影响，以对故土的眷恋和对异国自然的印象为基本主题，遵循严谨明晰的古典主义传统。蒲宁的抒情诗创作对其小说创作影响很深，这似乎是作者有意而为之的：蒲宁通过在小说中嵌入鲜明的节奏和流动的形象来拉近其与抒情诗之间的距离，这使得他的有些散文甚至比诗作更具“诗意”。在此类抒情散文中令人印象最为深刻的要属《安东诺夫苹果》（Антоновские яблоки），沁人心脾的苹果芳香若隐若现地浮现在字里行间，作者充分调动一切感官，听觉、视觉、嗅觉、味觉，试图复活这香味所唤起的记忆，隐藏在雾霾背后日薄西山的没落贵族生活正是在这记忆中绵延成了一幅永不完结的画卷。可以说，蒲宁与屠格涅夫的抒情性特质是一脉相承的，后者不仅写出了在文学体裁上创新的“散文诗”（Стихотворения в прозе），并且在其哪怕最具现实意义、最富公民色彩的小说作品中都体现出浓厚的抒情氛围。蒲宁与契诃夫在抒情气质方面的相似之处则体现在对大量细节的柔化处理上，这些线条柔和的细节在不知不觉中所引起了读者的内心激荡；相对而言，蒲宁作品的抒情特征是一望便知的，而契诃夫作品的抒情性则隐藏在平淡简疏的叙述之下。在语言的运用方面，蒲宁受到屠格涅夫的影响很深，后者以优美简洁、精挑细选的词语和准确、完美的语句平衡感著称于世，蒲宁则凭借自身对方言的熟稔，在严谨而精确的古典式语言之外增添了极富地方特色的口头语言。契诃夫对蒲宁的影响大多体现在小说结构的安排方面，即如何在短篇小说的有限篇幅里展现事物的每个细节和人物复杂的内心世界：契诃夫善于在繁杂凌乱的日常事物碎片中理出一道明晰的线条，并顺着这线条不动声色地展开叙述，直到一个原先不起眼的事件发展成为截断这道线条的终点；蒲宁在其著名的短篇小说《来自旧金山的先生》中实践了这一方法，大量且丰富的感觉经验描写冲淡了百万富翁之死带来的悲剧性气氛，命运似乎是具有强大生命力的暗流，在它面前整个人类文明陷入了对未知的恐惧和怀疑之中。

对屠格涅夫、契诃夫传统的沿袭和创新使蒲宁的散文创作具有自身独特的魅力，高尔基认为他是当今俄国最伟大的散文作家。他也是俄罗斯首位获得诺贝尔文学奖的作家。

53. 浅析《旧金山来的先生》的主题思想。

创作于第一次世界大战期间的短篇小说《旧金山来的先生》（Господин из Сан-франциско，1915）以特有的蒲宁式凝练表达了对人类生活强烈的灾难感和对永恒幸福的渺茫感。作者并未将作品限定在某一具体的历史时期，而是强调了广阔的空间感（所有的事件都发生在航行于不同国家间的游轮上），只有通过对白描式人物的观察和弄清他们之间的关系，读者才能完全把握特定且典型的社会冲突。

一个来自旧金山的百万富翁先生携带妻女乘“亚特兰蒂斯”（Атландида）号游轮周游世界，一路上，一家人都陶醉在奢侈的气氛和人们的艳羡声中。然而，突如其来的百万富翁的死亡戳破了梦幻的泡沫——在失去特殊的庇护之后，一家人不仅要承受丧失亲人之痛，还要忍受全船人的轻视和嘲笑，甚至不被允许公布亲人的死讯，只是为了“不破坏其他游客的情绪”。

蒲宁在这篇小说中的叙事安排和象征主题及细节的处理上达到了登峰造极的程度。游船是人类社会的缩小版模型，它的甲板和船舱里活跃着上流体面人群，他们高高在上，接受众多人的服务;在底舱中“地狱之火”熊熊燃烧,锅炉工人们勉强维持生计;而在某个隐蔽的驾驶室里坐着船长——掌舵人,好比多神教中的上帝。这艘游轮上游客的心理特征背景设定看似反映了20世纪初繁荣的资产阶级文化,然而实际上,作者曾清楚地指出,他所描述的一切都指向世界文化的本质。没有一个时代的民众不是闭目塞听的,他们竭力不去思考“翻涌在隔壁房间”的威力无穷的大海(即不可预测、不可挽回的命运),也从来不去想象在“他们脚下那个幽深的地方,船舱阴暗的底部,躺在湿热的游船腹中”的装载百万富翁尸体的棺材。

蒲宁同往常一样,在这部作品中通过死亡确立了生命,并赋予生命的切近之物以特殊的意义。文中的美国富翁曾数十年如一日地拼命工作,不涉足普通人的娱乐,寄希望于在未来弥补所失去的并成为生活的主人。然而,美梦被残酷的现实击碎了,因为没有人能驾驭生活,即使他有权力随意支配他人。在描写游轮经过意大利的场景时,作者不动声色地揭示了被物欲蚕食的精神世界的匮乏:当发现细雨蒙蒙中的海边小城并不是他想象中的人间天堂时,主人公感到受骗了。他无法欣赏守卫着当地人们的真正美景,因为这与广告宣传册上的意大利没有丝毫相像之处。当读者了解到主人公在其沮丧的心情上浪费了生命宝贵的最后时刻时,揶揄的企图瞬间被强烈的情感冲击取代了,对“最后时刻”的悲剧性体验使读者能够清楚地划出正确和错误价值观之间的界限。

游轮的名字“亚特兰蒂斯”也颇具深意,它象征了亚特兰蒂斯大陆(又称“大西洲”,“大西国”)。关于这块大陆的最早描述出现在古希腊哲学家柏拉图的文章里,其中提到亚特兰蒂斯是一个美丽先进的岛屿,最后毁于一场自然灾难。它暗示了社会科技高度发达之后，道德沦丧和真理缺失会造成的毁灭性后果。

54. 浅析《轻盈的呼吸》中女主人公的悲剧原因。

爱情主题在蒲宁的文学创作中占主导地位。在他晚期作品中，充满了对爱情、幸福、生命与死亡的思考。蒲宁笔下的爱情具有较强的宿命感，来势汹汹，却又以主人公的暴死戛然而止。他往往通过瞬间之爱来展现神秘的、无法理解的女性性格。《轻盈的呼吸》（Лёгкое дыхание）就是这类小说的经典之作。

小说的开头发生在墓地，营造出忧郁伤感的氛围，也预示了故事的悲剧性。奥利娅·麦谢尔斯卡娅（Оля Мещерская）是小说的女主人公，中学女生，刚满十五岁的她"已出挑成一个美女"。她性情欢快，不拘小节，从不像同龄女生那样注意自己的外表和仪态，然而仅凭"娴雅、时髦、玲珑、盼顾生辉的眼波"就足以压倒全校所有同学。在舞会上、溜冰场上总不乏对其献殷勤者。在不知不觉中她取得了校花的声誉，低年级的同学都喜欢上了她。与此同时，关于她的各种谣言也随之而来。不过，她对此毫不在意，还公开挑战社会舆论，继续率真地生活。

奥利娅在生命中的最后一个冬天"心情特别欢乐，像发了疯一样"。她开始注重打扮自己，穿戴时尚名贵，梳着已婚妇人的发式。校长本想批评这位女生不合身份的打扮，却无意揭开了去年夏天发生在她身上的悲剧：中年哥萨克军官马柳京（Малютин）趁奥利娅父母不在家时引诱她。或许是出于好奇，或许是出于对成人世界的渴望，奥利娅没有拒绝。事后，她后悔莫及，"我疯了，我从没料到我竟是个这样下贱的人！现在我只剩下一条出路……"作者没有点明奥利娅心中的出路是什么，然而在与校长谈话一周后，她就向那个粗野丑恶的哥萨克军官袒露了心声，还把日记中对他反感厌恶的描写都展示给他看。马柳京认为奥利娅是在奚落他，她的轻佻伤害了他的自尊心，于是拔枪打死奥利娅。从某种程度上讲，是奥利娅挑唆马柳京杀死了自己，她的死是自杀。这也解释了奥利娅在最后一个冬天"像发疯了一样"欢乐的原因。这种表面的欢乐，实际上潜藏了女主人公受尽折磨的痛苦的灵魂。

奥利娅是个极富悲剧色彩的形象。她有些许轻佻、孤傲，但她身上更明显的是强烈的自由感和完全透明坦荡的生活态度。她是生与死、纯洁与污秽、光明与黑暗的矛盾象征。蒲宁对她没有批判，没有指责，也没有为其辩护，却唤起读者心中复杂的情感——遗憾、喜爱、厌恶、慈悲、痛苦、怜悯。乍一看来，奥利娅的悲剧与她的一时失足有关，实则不然。作者在小说结尾隐晦地道出了她悲剧的原因。书中描写了奥利娅和女友在谈论一个女人怎么样才算得上是美丽时的一段话，"要有像沸腾的焦油一般的黑眼珠……要有像夜一般乌黑的睫毛，要有泛出柔和的红晕的面颊，要有苗条的身材，要有比一般人长的手指"，而最主要的是"要有轻盈的气息"。到底什么是"轻盈的呼吸"？这是一个复杂多面的，且极具象征意义的概念。奥利娅只用一句话来解释它，"我恰恰有这样的气息，你听，我是怎么呼吸的。"每个人对"轻盈的呼吸"的理解都不相同。也许它是自然本色、心灵纯洁、对世界的光明信仰、对生命的渴望等精神特质的融合，它伴随奥利娅短暂的一生。"如今这轻盈的气息重又在世界上，在白云朵朵的天空中，在料峭的春风中飘荡。"奥利娅离开了这个世界，而这轻盈的呼吸又重获尘世的形态，变成了每个人心中最隐秘的梦幻。显然，蒲宁在小说结尾赋予"轻盈的呼吸"以全世界的、全人类的意义，透过奥利娅的悲剧，作者再次叩问生命、爱情、绝望等人类普遍关注的永恒议题。

55. 什么是现代主义？它有哪些思想艺术特征？

现代主义作为一种文学思潮兴起于20世纪上半期的欧美国家，它前承古典主义文学、浪漫主义文学和现实主义文学，后接后现代主义文学，并以后期象征主义文学、未来主义文学、超现实主义文学、表现主义文学、意识流文学、存在主义文学等文学流派为构成主体。

从社会历史背景来说，现代主义文学是西方现代工业社会的产物，受到了当时科技与文化因素的双重影响；从文学史的演进角度来说，现代主义文学则是在对19世纪传统文学继承的基础上又对其进行“超越”的结果。虽说组成该思潮的文学流派纷繁、文学主张各异、价值观念多元，但由于受到时代因素的影响和文学发展史规律的制约，其在总体表现上有着基本一致的思想和艺术特征，主要体现在以下四点：

首先，现代主义对于文化的现存状态持怀疑和批判倾向，导致这一倾向的原因是危机感、幻灭感所引起的普遍失望与不安情绪。

其次，现代主义多关注人的异化主题，该主题主要从自然与个人、社会与个人、个人与个人、个人与自我的关系这四个方面表现出来。

再次，现代主义一反传统文学对客观外在真实的刻意追求，转而重视表现主观内在世界的真实，具有主观性和内倾性的特征。

最后，西方的非理性主义文化思潮渗透在现代主义的发展历程中，使得后者在文学的内容、形式和审美功能方面具有强烈的反叛性和创新性，具体表现在神话模式、形式主义倾向和“以丑为美”的美学追求等方面。

56. 什么是象征主义？

俄国现代主义诗歌流派中第一个出现的是象征主义（символизм），也是最有影响的一个流派。康德、叔本华、尼采等人的唯心主义哲学观是象征主义的思想基础，法国象征主义运动的影响对白银时代俄罗斯象征主义的形成起了决定性的作用。俄国象征主义诗歌，在19世纪80年代就开始了思想和理论准备，90年代形成思潮，20世纪头十年进入鼎盛期，后趋于衰落。

根据形成的时间和世界观立场的特点通常可将象征主义分为两个阶段：“年长一代”（старое поколение）和“年轻一代”（молодое поколение）。年长一代包括勃留索夫（В. Я. Брюсов）、梅列日科夫斯基（Д. С. Мережковский）、吉皮乌斯（З. Н. Гиппиус）、索洛古勃（Ф. К. Сологуб）、巴尔蒙特（К. Д. Бальмонт）、安年斯基（Н. Ф. Анненский）等；年轻一代包括勃洛克（А. А. Блок）、别雷（А. Белый）、伊万诺夫（В. В. Иванов）、索洛维约夫（В. С. Соловьев）等。梅列日科夫斯基1892年做的演讲《当代俄国文学衰落的原因及其新流派》（О причинах упадка современной русской литературы и её новых течениях）奠定了俄国象征主义的理论基础，在这篇文章中，他将“神秘的内容、象征和扩大艺术印象”（мистическое содержание, символы и расширение художественной впечатлительности）称为

新艺术的三要素。明斯基(Н. М. Минский)的《在良知的照耀下》(При свете совести — мысли и мечты о цели жизни)首次阐述了有必要采用存在主义的立场来对待存在的荒谬,阐述了实证主义的威胁,讲到了人们对于一些形而上理想的永恒追求,奠定了象征主义的美学伦理基础,后被普遍认为是俄国象征主义的第一位导师和开创者。勃留索夫的《俄国象征派》(Русские символисты)(1894—1895)的出版是俄国第一代象征派起点的标志。第二代的理论家中有别雷和伊万诺夫,他们的代表作分别为《象征主义》(Символизм,1908)和《犁沟与田界》(Борозды и межи, 1916)。第一代象征派,如勃留索夫,把艺术阐释为直觉认识的一种形式,是一种非理性的启示和顿悟,倾向于多侧面地、印象式地再现现实生活。第二代象征派则倾向于柏拉图—索洛维约夫的"两个世界"——理念与现象、名与实、此岸与彼岸的分野。但两者都把象征主义视为艺术思维的最高成就。

如果说老一代象征主义者沉浸在极端自我的审美情绪中,歌咏死亡,经由对非常规的、强烈的爱欲体验表达瞬间的宿命感,那么,年轻一代的象征主义者则表现出另一些新的创作特点。以勃洛克为代表的新的象征主义者们走出了自我封闭的阴暗地下室,在索洛维约夫笔下"永恒女性统一世界"之旗帜的指引下,踏上了一条全新的美学探索道路。"永恒女性"(вечная женственность)的原则认为,世界本质上是一种"女人性",这种女人性本身作为一种开端,分布在世界各点,引导着人类走向"真善美"。

正是年轻一代象征派诗人的努力,使俄国象征主义不论在技法还是在理念上都超越了法国的象征主义,达到了成就的顶峰。1910年,象征派内部发生了严重的分裂,主要原因在于其内部成员对于艺术的性质和作用的看法产生了较大分歧,此外,象征主义者所追求的宗教神秘主义也遭到了新兴的阿克梅派和未来派的反对。在内外夹击之下,俄国的象征派很快走向了衰落。

57. 如何理解《十二个》结尾中的基督形象?

叙事诗《十二个》结尾处出现的耶稣基督形象是一个颇具争议的象征。勃洛克曾在日记中这样写道:“我不喜欢《十二个》的结尾……在划上句号时,我也吃了一惊:为什么偏偏是基督?但我越是努力地看,基督的身影越是清晰。”实际上,长诗的标题也具有宗教象征意义:十二个赤卫队员很容易让人联想到耶稣基督的十二个使徒。对于大多数的读者和研究人员来说,基督代表了革命者的心声和作者对惨无人道的谴责:另外一小部分人,如马克西米利安·沃罗申认为耶稣身后的“十二名暴徒”是要置他于死地;还有一种逐渐成为主流的看法是:耶稣基督形象是革命原始自发力的化身,他与其说是一个宗教政治崇拜的幻影,不如说是对社会历史巨变的一种诗意体验。诗人将革命比作一场自发性的“世界大火”,它以燎原之势一往无前地燃烧,直到把整个旧世界变成一片灰烬。而这次末日审判的大火正是与十二位赤卫队员所代表的人民群众直接联系在一起的,他们是时代真正的主人公,在他们的身后是千千万万的俄罗斯民众,正“迈着雄赳赳的步伐”走向新生活。耶稣基督走在队伍的最前面,尽管赤卫队员们看不见他,甚至不知道他的存在,却在不知不觉中接受了他的引导。从这个意义上而言,结尾处的耶稣基督形象与革命的大火有着相同的性质——二者都具有净化和驱逐的作用。耶稣基督形象在传统意义上的道德伦理涵义——对个体的同情、爱和对个体生命价值的肯定获得了延展和深化,诗人将革命的自发力和整个人民大众的群体设定为其新的对象：基督代表了一种隐秘的、能够克制自发力潜在危险的精神力量，保证长诗主人公未来的道德净化。这也从一个侧面说明了勃洛克以一个诗人的直觉看到了革命自发力的破坏性和潜藏的危险性。然而，耶稣基督的面目始终是模糊的，这表明勃洛克虽然预见到了革命是新生活的开端，却没有看清楚世界最终的拯救者是谁。由此可见，诗人虽然具有对时代风云变幻的敏感前瞻性，却并不能像政治家一样引领和改变社会局势，其作品中的象征意象哪怕与社会政治生活联系再紧密，程度也远不及社会经济学作品，这就要求我们最终要回到文学的角度审视文学作品。

58. 简述勃洛克诗歌创作的阶段性特征。

勃洛克是俄国象征主义最杰出的代表人物，他的创作影响了整个 20 世纪的诗歌发展。阿赫玛托娃（А. А. Ахматова）认为勃洛克是白银时代诗人最典型的代表，马雅可夫斯基则指出勃洛克的诗作“标志着一个完整的诗歌时代”。

勃洛克创作的独特之处在于，他的诗歌只有在组诗或诗集的大语境中才能被完整地阐释和理解，这在同时代诗人当中是极少见的。因此，其诗歌创作阶段的分野及各阶段的内部联系就显得尤为重要。

勃洛克在 1904 到 1911 年的 8 年时间里出版了 5 本诗集，并随即将其编纂成 3 卷，之后，他便开始了漫长的修订之路：从 1911 到 1921 年的十余年间，勃洛克不断完善早先出版的三卷本诗集，并使其获得了超越结构的典范意义。诗人认为，三卷本的构成代表了他朝着一名艺术家和一个真正意义上的人不断进化的心理历程，可以更确切地理解为“人化三部曲”（трилогия вочеловечения）或者“诗体小说”（роман в стихах），从内部逻辑而不是时间顺序上反映了作者在思想和感情上的成长。第一卷收录了 1898—1904 年间的作品，主要包括《黎明前》（Ante Lucem）、《美妇人集》（стихи о Прекрасной Даме）和《岔道口》（Распутья）三个组诗。这一时期青年诗人受到俄国哲学家索洛维约夫的影响，对神秘之爱的主题发生了兴趣，《美妇人集》是这一时期的代表作。《美妇人集》的核心主题是诗人与女郎之间的“神秘恋爱”，这种爱并不是普通意义上的男女之爱，而是对死亡的胜利、对存在的绝对肯定和对“永恒生命”的赞颂。经由这种“崇高的爱”，尘世的诗人获得了精神的洗礼，将个人体验同宇宙存在的感受融为一体，进而发现了通往光明的道路；而面目变幻不定的神秘女神则在与诗人“爱”的连接中走入尘世，由一个抽象的概念化为具象的肉身，拯救陷于末日的世人。

第二卷收录了从 1904 到 1908 年间的作品，主要有《大地的气泡》（Пузыри земли）、《城市》（Город）、《白雪假面》（Снежная маска）、《自由的思想》（Вольные мысли）等组诗。这一时期被称为诗人创作的过渡阶段，其标志便是他的创作中出现了两种对立倾向的斗争。一方面，这一阶段正是勃洛克受象征主义影响最深的时期，诗人从审美立场看待现实生活，把无政府主义的个人主义当作自己的处世态度，否认个性与社会的联系，认为后者会妨碍个性的自由和独立；另一方面，他这一时期的诗中还有另外一种性质不同的思想艺术倾向，这便是对生活真实的追求，对爱国主义题材的挖掘，对“可怕世界”给予辛辣讽刺和抨击。创作的主题由“神秘之爱”变为了“自然力量”，具有代表性的诗歌意象和主题是暴风雪、自由逃民和流浪；女主人公形象的变化具有颠覆性——美妇人被陌生女郎、白雪面具和分裂派教徒的茨冈女人法伊娜所取代。抒情主人公的形象也由醉心于爱恋的骑士转变为关心祖国命运、思考时代责任的有识之士，抽象的幻梦逐渐让位于尘世的价值。

第三卷的时间涵盖为1907—1916年，主要收入《可怕的世界》(Страшный мир)、《报应》(Возмездие)、《竖琴与小提琴》(Арфы и скрипки)、《卡门》(Кармен)等组诗。这段时期诗人试图在理想的“天空”和现实的“大地”之间、在无政府的个人主义和崇高的爱国主义之间寻求某种和谐的状态，而这种状态只体现在不断的运动中，体现在两股力量交互影响、斗争的过程中。在对这种和谐与美的追求中，勃洛克的诗歌世界开始呈现出博大精深的意境。这里既有情意缠绵的抒情诗，又有愤世嫉俗的讽刺诗；既有火热的公民精神，又有对人与时代、个性与社会、自然与文化、艺术与艺术家的使命，对行将灭亡的“可怕的世界”与日益临近的革命风暴等问题的深刻思考。尽管勃洛克对待十月革命的态度是积极而热烈的，但就其本质而言，他仍是一位悲剧诗人，因为其诗中的主人公总是处于分裂的状态——对遥远的理想生活的向往和对切近的现实生活的不满使他无法安居在任何一处，最终沦为两个世界交界点上的历史游荡者。

59. 什么是阿克梅主义?

阿克梅派(акмеизм)是继俄国象征主义诗歌之后崛起于诗坛的另一个重要流派。

1910年，诗人库兹明(М. А. Кузмин)发表《论美妙的清晰》(О прекрасной ясности)一文，主张以“清晰”取代象征主义的

“迷雾”。1913 年，古米廖夫（Н. С. Гумилёв）和戈罗杰茨基（С. М. Городецкий）分别在《阿波罗》（Аполлон）杂志上发表《象征主义的遗产与阿克梅主义》（Наследие символизма и акмеизм）和《当代俄国诗歌中的若干流派》（Некоторые течения в современной русской поэзии），标志了阿克梅派的诞生。

阿克梅派的名称有若干种释义：一说来自希腊语中的“巅峰”、“顶端”一词（акме）；一说代表了对生活有着坚定、明晰态度的“亚当主义”（адамизм）；还有一说体现了库兹明提出的“清晰主义”，即对美妙的清晰感的崇尚。这一流派名称的几个含义分别反映了阿克梅主义者对于其诗学理念在不同层面的追求。首先，阿克梅派是以象征派的反叛者身份登上文学历史舞台的，他们希望树立自己的旗帜；其次，由关注抽象和神秘的“彼岸世界”转向具体可感、有着肉身重量的“此岸世界”；最后，提倡明晰的观察和凝练的表达，不断追求审美趣味和修辞的完美。由此可见，阿克梅派对象征派的继承大于反叛，他们眼中的“此岸世界”并不是充满矛盾斗争的社会现实，而是具有造型美和质感性的物性世界。

同象征派一样，阿克梅派也有自己的阵地和文丛：自 1910 年起，象征派的刊物《阿波罗》就成了未来的阿克梅派的活动阵地；1911 年，成立了社团“诗人行会”（Цех поэтов），参加者有古米廖夫、戈罗杰茨基、曼杰什坦姆（О. Э. Мандельштам）、阿赫玛托娃等一批青年诗人。虽然如此，阿克梅派的成员却未能始终如一地在创作实践中体现和捍卫自身流派的主张，反而以各具特色的创作视角和相去甚远的创作道路引得世人瞩目。

这一派的代表诗人有古米廖夫、曼德尔施塔姆和阿赫玛托娃，这三位诗人的创作题材和视角虽然大不相同，但都希望超越象征主义过于神秘的局限，把世界“从‘通感’的迷魂阵中解放出来”，并通过使玫瑰“因自身、因其色香而美丽，而不是由于与神秘的爱或别的什么相像的思想”进而将一个清澈、明晰、坚定的物质世界还给诗歌。古米廖夫的诗作以浓墨重彩描绘异国风情，使人产生强烈的视觉联想，并且主人公常以勇敢而冷酷的尼采式强者的身份出现。曼德尔施塔姆被称为“文化诗人”，他毕生致力于不同文化断层之间的对接，即复活古希腊、古埃及的神话和回忆，使其参与当代生活的重建。阿赫玛托娃受到象征派诗人安年斯基的影响，创造了独具一格的心理抒情诗。女诗人不动声色的锐利笔触赋予了细节浓郁的心理意义，事件在有限的空间内被高度浓缩了。

阿克梅派作为一个诗歌流派，存在的时间十分短暂，影响也远不及象征主义和同时崛起的未来主义那样广泛，但它在俄罗斯诗歌史上的意义却是不容忽视的。阿克梅派对象征派的批判性继承既克服了后者极端的扩张倾向，又保留了象征主义宝贵的文学和理论价值，其创作中对于世界文化的眷恋，对造型艺术的偏爱和对词语独立性的坚持成为了后来者一笔丰厚的文化遗产。

60. 阿赫玛托娃抒情诗的艺术特点有哪些？

阿赫玛托娃是白银时代阿克梅派的代表诗人，享有“俄罗斯的萨福”（Сафо из России）之称，在20世纪俄罗斯男性占主导权的诗坛上以其优雅含蓄的女性特质而独树一帜。阿赫玛托娃艺术体系的所有特征几乎都体现在爱情诗的创作中。

首先，其早期的爱情抒情诗创作具有“室内性”（интерьерность）特征。如果说阿克梅派的其他男性代表诗人（尤其是古米廖夫）

将个人与世界的对立置于遥远的异国土地上，那么阿赫玛托娃则将这“致命的决斗”浓缩在了封闭的个人生活空间里，如此一来，各种事件之间的戏剧性冲突便在瞬间被强化了。因此，展示诗歌主题的场景狭窄并不等同于诗歌内容的狭窄或表现力的贫乏，相反，能量在相对狭小的空间里反而获得了更大的爆发力，从而使得读者透过个性化的体验观察到了永恒的主题。

其次，阿赫玛托娃的爱情诗具有“戏剧性”（драматизм）的特征，即不论篇幅多么有限，女诗人总能设计出跌宕起伏、引人入胜的情节，仿佛一个个定格的电影镜头。这得归因于她高度个人化的、自传性的格调，即以第一人称的叙述和敏感多变的情绪体验将读者迅速拉进诗歌的语境当中，而具体的时间显示又增强了事件的真实性。她恰到好处地把握了诗人与读者间的距离，保留了对事件发生的环境、矛盾对立双方身份的揭示，通过细节与心绪之间的瞬间转换将事件朦胧地展现给读者，给读者丰富的联想空间。另外，在细节描写上，阿赫玛托娃做了特殊的放大式处理，即以锐利冷静的观察而非难以自制的情感去描绘事物，意在迅速与读者达成一种审美的共识。

再次，意象之间联系的矛盾性、逆喻性也是阿赫玛托娃诗歌的一个典型特征。所谓逆喻，是指本体和喻体位置颠倒的一种比喻，这就打破了事物之间正常的逻辑联系，造成一种因果倒置的心理感受，如“他想再次把我的鸟儿——我的忧愁，/放飞到空旷的黑夜”。她还善于将不同性质的事物并置，借助读者自身的联想建立这些事物之间矛盾的统一性，如“花园中响起音乐，/如此难言的痛苦旋律。/盘子上的冰冻牡蛎散发着/大海清新扑鼻的气息。”这种矛盾性反映了阿赫玛托娃独特的世界观，即世界并不是一个分工明确的有机整体，而是相对零散的、无规律的、缺乏内在联系的，但从另一个角度来看，任何两个毫无关联的事物却可以通过并置手法在第三者的想象中获得一种心理上的共生性。阿赫玛托娃正是借助这一手法，将心理抒情诗的范围扩张到了巨大的世界空间，每一个平凡的事物都可以引发无法预见的激情，这激情不是将世界照亮，就是将其毁灭。

最后，阿赫玛托娃的诗歌汲取了俄国诗歌的古典传统和西方诗歌的现代经验，极富韵味。阿赫玛托娃出身高级知识分子家庭，从小接受了良好的语言教育，精通多门外语，在译介国外诗歌过程中受英语、德语诗歌的影响很深，因此其诗歌的节奏和韵脚都有精致、简洁的特征。并且，在诗歌写作中，女诗人经常使用俄罗斯民谣体裁，如祈祷、哭诉、送别曲、歌谣等等，这使她的作品在平静疏淡的基调下又增添了一份庄重肃穆感。

61. 试析阿赫玛托娃的长诗《安魂曲》。

《安魂曲》（Реквием）所叙述的不是个人的遭遇，而是全民族、全人类的苦难，因为其中回响的远不止阿赫玛托娃一个人的声音。可以说，这部长诗的每一页都浸透了几个世纪以来千千万万个妻子和母亲的血泪，她们在战争中永远地失去了自己的儿子、兄弟、丈夫和朋友。民谣曲调是这首诗的一个突出特征，包括忧伤的民间歌曲、哭诉和祈祷，若追溯其源头，会发现这是流传至今的古老文学形式——从《伊戈尔远征记》里的雅罗斯拉夫娜为丈夫和战死的将士们哭诉的那刻起，几个世纪以来，俄罗斯的女人们已不知为亲人撒下了多少辛酸的泪珠。《安魂曲》的女主人公知道，她在这场人间惨剧中并非孤身一人，“我将同近卫兵的妻子们一道/在克里姆林宫的城墙下恸哭”。女诗人将自身的形象同无数个在监狱外排队的焦心母亲联系起来，同伊凡雷帝时期在监狱城墙外嚎哭的女人们联系在一起，同看着自己的儿子耶稣被钉上十字架的圣母玛利亚联系在一起。正是为了这些坚强不屈的母亲，诗人以她们的名义写下了这首叙事长诗，作为对所有受难者的悼念。也正因为如此，长诗以纪念碑的形象和“安魂曲”结束，旨在唤起后人无限的哀思。

有关长诗借助圣经中的比喻、形象和主题以表现现代性的问题还有另一种阐释：阿赫玛托娃实际上描绘了一幅新的启示录景象，将自己生活的时代视为世界末日，甚至是带着渴望最终审判降临的那一天。如果人类的力量还不足以重建公平公正、复活无辜的生命，那么严惩犯罪者就是必须的。

62. 什么是未来主义？

在俄罗斯象征主义内部产生矛盾纷争的时刻，几乎与阿克梅派同时，未来派（футуризм）诞生了。1910 年，由布尔柳克（Д. Д. Бурлюк）、赫列布尼科夫（В. В. Хлебников）和卡缅因斯基（В. В. Каменский）联合发表的诗文集《鉴赏家的陷阱》（Садок судей）的问世，标志着俄国未来主义正式登上诗坛。未来主义以其强烈的先锋意识和大胆的语言革命掀起了一场轰轰烈烈的文学运动，其规模仅次于象征主义运动。象征派的主将勃洛克（А. Блок）认为，“这是一个比阿克梅派更加现实且更加有生命力的流派”。

俄国未来主义内部派系林立，其中主要的两支有自我未来主义（эгофутуризм）和立体未来主义（кубофутуризм）。前者问世的标志是谢维里亚宁（И. Северянин）于 1911 年发表的《自我未来主义的宣言》，后者则以赫列勃尼科夫、克鲁乔内赫（A. E. Крученых）、布尔柳克、马雅可夫斯基（В. В. Маяковский）和卡缅斯基为代表，他们共同出版的文集《给社会趣味一记耳光》（Пощёчина общественному вкусу，1912）为该派系的宣言。立体未来主义造就了未来派最杰出的两位诗人——赫列勃尼科夫和马雅可夫斯基。

不论是自我未来主义还是立体未来主义，都具有那种典型的“与过去彻底决裂”的激进精神，即对先前的非未来主义的艺术和文化都予以绝对的否定。俄国未来主义者在《给社会趣味一记耳光》中断言，“科学院和普希金比象形文字还难以理解”，他们提议“把普希金、陀思妥耶夫斯基、托尔斯泰等人统统从当代之船上抛下去”。然而，自我未来主义承认他们与西方同类文学运动是有关联的，而立体未来主义却否认自身同西方未来主义的渊源，企图在纯斯拉夫基础上创造艺术。

俄国未来主义虽然缺乏统一的核心且内部流变的速度较快，但其成员之间却存在心照不宣的默契，正是这些无声的规则将他们一统在这一看似纷杂的流派中：首先，以怪诞的言语和反常的行为来制造众人瞩目的效果，几乎是所有未来主义诗人采取的生活姿态；其次，他们保持了共同的审美趣味，如对技术与速度的赞美，以及讴歌由机械轰鸣和城市能量所激起的原始征服欲和进攻性等；再次，他们在诗学品味上体现出了共同的追求，主要表现在向旧的语法、词汇和诗歌文本格式挑战，生造出一些仅仅具有音响效果的自生词和派生词，塑造有视觉效果的诗歌形式等。其中，有着“实验诗人”之称的赫列勃尼科夫，在发掘使用古斯拉夫语词汇和创造新的同根词、扩大现代俄语诗歌词汇方面做出了卓越的贡献。诗人马雅可夫斯基则以城市风景诗这一代表性的体裁抒发了现代人对现实生活的悲剧性感受,另外他后期创作的“阶梯诗”也在诗歌节律形式创新方面为后来诗人提供了范本。

未来主义诗人在崇尚文化虚无主义和追求古怪行事风格方面有极端化的倾向,但这并不能抹杀他们在诗歌探索领域的成就。他们复活斯拉夫民间语言文化的尝试以及扩大诗歌题材的努力得到了高尔基的肯定,立体未来主义者倡导的语言革命也对日后的形式主义文艺理论产生了很大影响。

63. 什么是马雅可夫斯基的诗歌创新?

马雅可夫斯基是立体未来派(кубофутуризм)的代表诗人,他的美学观点和诗歌创新对苏联文学的影响巨大。马雅可夫斯基在诗歌创作方面的创新受到俄国形式主义的影响,表现为背离传统、打破常规,具体手段包括使用新词和口语增强语言的“陌生化”效果、采用新的押韵法和诗歌换行形式等。总的说来,创新主要着眼于诗歌的外部形式。

作为未来主义的成员之一,马雅可夫斯基在对待传统文化和语言观念方面有大胆革新的一面。未来派在宣言中声称要与传统文化决裂,前进是要以忘记过去为代价的。因此,在语言观上,马雅可夫斯基秉承未来主义“创造艺术”的理念,提倡造词和使用新词,从而与新思想的表达相匹配。他善于将不登大雅之堂的口语、俗语糅杂在高雅的书面化语体中,并运用不可思议的比喻和夸张将毫不相干的事物产生联系,从而形成其特有的轻柔与粗鲁并行、激昂与缠绵交织、清晰与含混融合的语体风格。在《街头即景》(Уличное)、《从街道到街道》(Из улицы в улицу)、《致招牌》(Вывескам)、《剧院》(Театры)、等城市风景诗中,马雅可夫斯基将一大批日常生活中的平凡物象引入了诗歌当中,这是传统诗歌美学所不屑的。然而,正是这些平日里僵死的无生命物体,在诗人的笔下不仅获得了新生,而且形成了有组织的细胞结构,似乎整个城市就是一个会呼吸、会运动的生命体。

为了贯彻未来主义的诗歌理念以及激发民众对诗歌的热情,马雅可夫斯基尽量使用贴近生活的口语并经常使用口号式的呼语手段来写诗,因此他的诗也有一部分被称为"集会诗"或"口号诗"。此外,他在诗歌格律结构方面的创新主要表现在别具一格的押韵方法上,其特点是把最具特色的字眼或所谓"诗眼"放在行末,就形成了不规则的分行和奇特的倒装句式,从语气的重心转移上就能体会到内心情绪的起伏。这种以重音音节数量为核心的构诗方法开辟了诗歌表现的新天地,为日后的许多诗人所仿效。

除了在语言层面以外,马雅可夫斯基的诗歌创新还体现在诗歌的视觉形式方面。马雅可夫斯基擅长写作"阶梯诗"(лесенка),即将成形的一行诗拆分成三到四行,并以阶梯状排列,以造成强烈的视觉效果和情感体验。诗人借助这种技术手段,通过延长读者理解诗句的时间来达到加深审美感受、扩散意象联想的目的。相对于传统的诗歌书写样式而言,这显然是一种大胆的创新之举。

64. 简析马雅可夫斯基作品里的"革命"主题。

在20世纪俄国诗歌史上,马雅可夫斯基扮演了特殊而鲜明的角色。尚在十月革命前,他就发表了长诗《穿裤子的云》(Облака в штанах)、《脊柱横笛》(Флейта-позвоночник),显示出超凡的诗歌才能。十月革命后,他革命的激情爆发,并以革命浪漫主义者的身份迈进社会主义文学的大殿。

马雅可夫斯基将十月革命看作改造世界的开端，对资产阶级世界的惨无人道、精神空虚和庸俗等习气发起的浪漫主义式的抨击与反抗。诗人在长诗《革命》中（Революция）写道：

公民们！
这是工人洪流的第一天。
我们去
拯救陷入迷途的宇宙！

正是在革命中，诗人孤单的声音与人民宏大的声音相融合，他感觉自己是广大的“我们”中的一员，而“我们”是生活真正的主人，是为人类命运负责任的新人。在诗人看来，十月革命还是社会主义思想和艺术结合的绝佳机会。他在自传中写道：“参加还是不参加？这个问题对我来说没有过。这是我的革命……”

1918年，马雅可夫斯基创作了第一部苏联革命戏剧《宗教滑稽剧》（Мистерия-буфф），用略带讽刺的文笔展示了那个时代英雄史诗般的现实。作者借用圣经诺亚方舟的故事情节，描绘了思想斗争和阶级冲突。他将革命比作在波涛汹涌的历史汪洋中前行的方舟，有七对“肮脏的”人和七对“干净”人获救，以此反映劳动者和剥削者的对抗和新旧世界的冲突。最后，“肮脏的”人在铁匠和雇农的带领下，将“干净的”人，即资产阶级，从方舟里推出去，从而驶向福地——共产主义公社。《宗教滑稽剧》虽然情节简单、叙述平淡，却准确地反映了那个时代的精神状态。

《向左进行曲》（Левый марш）是一首文字凝练的短诗，反映了当时革命活动的趋势。诗歌里能听见游行队伍的吼声、革命领袖的演讲、将军的指令：

摆开队伍前进！
这里不用说空话。
住口，演说家！
该是你
讲话，
毛瑟枪同志。

在《向左进行曲》中，公社和俄罗斯民族的形象融为一个整体。诗人高声宣扬革命的正义性，塑造了大批十月革命先锋战士的形象。《向左进行曲》也成为诗人十月革命后整个创作道路的出发点。在随后创作的《革命颂》（Ода революции）中，诗人号召人民抛弃对十月革命的怀疑和警惕的心态，他认为，革命是实现个人理想的伟大历史时刻。革命的热情在于创造，在诗的结尾处诗人盛赞革命："啊，愿你四倍地被人赞美，崇高神圣的革命啊！"

马雅可夫斯基还通过歌颂领袖来间接反映革命的伟大。在长诗《弗拉基米尔·伊里奇·列宁》（Владимир Ильич Ленин）中，马雅可夫斯基创造了天才领袖的伟岸形象，他的一生折射了争取独立和自由的人民大众斗争史。他是人民的希望，也是劳动者争取美好未来的斗争意志的体现。在诗人笔下，列宁是个理想化的形象，是一个与基督有着同样威望的新信仰的化身：他将人民从战争和死亡的边缘解救出来，充满"人情味"，是"世上最真实的人"。

在十月革命十周年前夕，马雅可夫斯基创作了长诗《好！》（Хорошо），作品由 19 章构成，反映了不同时期的革命事件，生动再现了历史场景。长诗开篇描写了一战时期积贫积弱的俄国，从掩体中发出战士的怒吼：

结束战争吧！

算了！

够了！

在反战声中沙皇下了台，然而接管政权的临时政府将问题更加尖锐化，诗人的愤怒溢于长诗的字里行间：

她妈的腿！

政权的猪嘴转向富人，

——干嘛要服从它?!

打到它!!

列宁的出现令当权者恐慌，因为工人和农民早已准备好和他一同改变历史：

一路亮着刺刀，

打来了，

仿佛是无数的手集拢再在咽喉上，

宫殿的驯服的咽喉上。

之后的革命形势迅猛发展，马雅可夫斯基用简练的语言、极具特色的粗犷的音节描绘了克伦斯基的逃跑、阿芙乐尔号的炮响、攻打东宫，以及苏维埃政权的成立。诗人用略带讽刺的口吻回忆了新生苏维埃共和国遭遇的困难——饥饿、寒冷、衰落，人民饱经苦难折磨。随后诗人又开玩笑似地指出了苏联体制的不足，不过他坚信，在俄罗斯的土地上诞生了"布尔什维克的天堂"，这个"年轻的国度"今后会被他国效仿，它的生活"美好而令人惊奇"。

马雅可夫斯基始终顶着"革命诗人"的桂冠。这种"革命"代表着诗人的政治倾向，也反映了诗人与旧世界抗争、为新世界奋斗的精神，因为这位真诚、勇敢、天才的诗人始终将诗歌创作看作是革命的一种方式。

65. 什么是“新农民诗歌”？

“俄罗斯新农民诗人”（Новокрестьянские поэты）这一称谓最早出现在俄国文学评论家利沃夫·罗加切夫斯基于1919年发表的一部名为《新俄罗斯诗歌：来自田野和城郊的诗人》（Поэзия новой России. Поэты полей и городских окраин）的专著中。在该文中，作者将罗加切夫斯基（Львов-Рогачевский）纳入了由克留耶夫（Н. А. Клюев）、叶赛宁（С. А. Есенин）、克雷奇科夫（С. А. Клычков）、奥列申（П. В. Орешин）、希里亚维茨（А. В. Ширяевец）、拉季莫夫（П. А. Радимов）和加宁（А. А. Ганин）等人组成的“俄罗斯新农民诗人”的群体中。所谓的“新”，在当时主要是为了区别于以柯尔卓夫（А. В. Кольцов）、尼基京（И. С. Никитин）以及苏利科夫派（поэты-суриковцы）等诗人为代表的19世纪农民诗人。

新农民诗人的创作活动集中于20世纪初至20世纪30年代。克雷奇科夫最早的两本诗集《歌》（Песни：Печаль-Радость. Лада. Бова，1911）和《隐蔽的花园》（Потаённый сад，1913）与克留耶夫的几本诗集《兄弟之歌》（Братские песни，1912）、《松涛》（Сосен перезвон，1912）、《森林往事》（Лесные были，1913）的问世，标志着新农民诗歌的诞生。新农民诗人对19世纪的农民诗人既有继承，也有创新。他们继承了农民诗人的创作题材和风格，而去除了农民诗人作品中呻吟哀叹的调子，代之以古朴清新的诗意化场景和细腻柔美的心灵描写，因此被当时的文学批评界称为“新俄罗斯乡村文学的使者和新俄罗斯乡村文学诗化意识的表现者”。

新农民诗人毫无疑问受到了俄国象征派带有神秘主义色彩的象征主义世界观的影响，这一影响是通过新农民诗人对古老民间文化熟稔和自身的异教背景而自然地折射进他们的诗歌作品中的。无论是克留耶夫笔下与“钢铁罗斯”无奈抗争的“木屋天堂”，还是叶赛宁在“无底的空间里”建立起的新的“宫殿”，无论是卡尔波夫有关双重世界、神秘拯救的主题，还是克雷奇科夫为我们推开的那一扇通向“春天颓废花园”的暗门，都指向了现实世界和神秘世界这两个世界的存在，而神秘世界则以“人间天堂”的乌托邦形式展现。

此外，他们的作品集中体现了20世纪俄罗斯文学在体裁和宗教哲学方面的探索，这些探索受到了时代因素的双重作用，即推动和制约作用。说推动，是因为1861年的农奴制改革并未解决农民的命运问题，严峻的形势迫使各个阶层开始对俄国的前景进行各自的思考和言说。这样一来，和农民相关的问题被推到了俄国文化界的视野前端，进而产生了一系列对俄国民俗学、民族学具有深刻影响的著作。这些著作的涌现使得俄罗斯民族踏上了探寻自己独特世界观和自我感知的道路，也促成了新农民诗人以传统学说作为创作对象。而时代制约的悲剧性体现在历次战争、几度革命、集体化、没收富农财产以及镇压运动，新农民诗人也经历了由憧憬革命、迎接革命、参与革命到最终与革命疏远这几个相应的阶段，认识到自己的理想和无产阶级革命的目标其实相去甚远。在为农村命运和自身理想哀歌的同时，他们也成为了当时苏联文学界被残酷围剿的对象。因此，新农民诗歌作为一个文学思潮存在的时间很短暂，在20世纪20年代后期至30年代，叶赛宁、克留耶夫、克雷奇科夫、奥列申等人相继被捕，或自杀或被处决之后，这个流派就销声匿迹了。

66. 如何理解叶赛宁的“我是最后一位乡村诗人”？

叶赛宁（С. А. Есенин）被认为是俄罗斯乡村诗人主要有以下几个原因：首先与诗人的出身有关。他生于梁赞省康斯坦丁诺沃村的一个农民家庭，自幼和外祖父和外祖母生活在一起，很早就受到了俄罗斯民间文化传统的熏陶。两位老人所讲述的神奇而优美的民间童话故事给幼小的心灵留下了深刻的印象。这些古老的民间素材不仅在日后成为了他诗歌创作的主题和源泉，更重要的是促成了叶赛宁以农民为核心的世界观的形成。其次，叶赛宁的大部分抒情诗作品都具有与农民及其历史血肉相连的强烈感情，这既体现在诗歌主题和形象的选取上，又体现在将真实生活场景和浪漫主义幻想融合统一的创作方法上。早在叶赛宁成名之前，俄罗斯诗歌中已经形成描写农民的传统，阿列克赛·柯尔卓夫（А. В. Кольцов）便是引领这传统的卓越诗人之一。叶赛宁在柯尔卓夫的诗中获益颇丰，它对农民生活的诗化、对乡村大自然的热爱、对民间韵律的灵活运用都令叶赛宁着迷，因此叶赛宁称柯尔卓夫为自己最敬爱的诗人之一。除此之外，农民诗人克留耶夫（Н. А. Клюев）作品中流露出的对俄罗斯古老乡村生活的留恋以及对鲜活生动的民间语言的兴趣也影响到了叶赛宁的创作。最后，所谓的“乡村诗人”（крестьянские поэты）是与当时彼得堡文学沙龙所代表的“城市诗人”（городские поэты）相对而言的，这一称谓体现了这两派诗人在身份地位和诗歌创作上的差别，也暗示了乡村诗人们渴望通过统一风格着装从而进入诗坛主流的愿望。

“俄国最后一位乡村诗人”的称谓来自于叶赛宁创作的一首名为《我是最后一个乡村诗人》(Я последний поэт деревни)的作品,在这首诗中作者以“最后一个乡村诗人”的身份对“钢铁客人”进驻“木头罗斯”发出了近乎颤栗的呼号:“这手掌是无生命的异类,我的诗有你们就活不了!”然而,需要明确的是,叶赛宁对“钢铁城市”的抗议并非等同于对苏维埃政权及其城乡政策的抗议,正如叶赛宁研究专家所指出的,“支配着诗人的不是对新事物的反抗,而是对逝者的哀伤”。叶赛宁很早就以“俄罗斯灵魂的吟唱者”身份登台,俄罗斯乡村之于叶赛宁,就像俄罗斯城市之于马雅可夫斯基和勃洛克一样,是一个充满诗意和童话的世界。年轻的诗人认为,乡村的罗斯就是人间天堂,那里没有流血、没有冲突,东正教的金顶在蓝天下闪光,所有的人们都无忧无虑地生活。其作品《变容节》(Преображение)、《约旦河的鸽子》(Иорданская голубица)和《乐土》(Инония)都实践了这一理想,诗人坚信天上的基督教天堂必将为人间的农民天堂所代替。叶赛宁也正是抱着这种对农民天堂的憧憬理解革命的,他认为,革命便是农民理想的最终胜利,通过革命农民天堂就会覆盖俄罗斯大地。然而,当他明白,革命意味着宗法制农村的覆灭和推进不可避免的变革时,诗人便忍不住发出了沉痛的哀叹,为坚硬、无生命的钢铁世界即将碾碎曾经富有生机和活力的俄罗斯大自然而哀叹,也为自己再也不能作为“大自然的管风琴”(高尔基语)来歌唱俄罗斯的灵魂而哀叹。

67. 叶赛宁抒情诗的艺术特色是什么?

叶赛宁是作为一名乡村诗人登上文坛的,他笔下的俄罗斯村庄不仅仅是熟悉的生活环境，更是精神憩息的故园。

自然风景诗是贯穿叶赛宁创作生涯的主要诗歌类型，俄罗斯乡村的大自然是他获取灵感和素材的源泉，代表诗作有《干旱窒息了播种过的田地》(Заглушила засуха засевки)、《大路把红色的黄昏怀想》(О красном вечере задумалась дорога)、《金色的丛林不再说话了》(Отговорила роща золотая)、《美不可言，蔚蓝，温柔》(Несказанное, синее, нежное ...)等。以大自然风景为主题的这类诗歌具有两个主要特点：一是与民间诗歌传统的天然联系和泛神论的性质；二是对宇宙万物的内省式观察和俄罗斯特有的忧郁情感。

革命的主题是诗人在1917—1919年间所关注的重点，这一主题是与“农夫天堂”的主题紧紧联系在一起的。叶赛宁是站在农民的立场上去理解革命的，他“把革命理解为对世界的一种精神上的改变”，因而革命的目的对他而言，是要建立一个具有宗教色彩的农民的社会主义。这一时期，他创作了几十首抒情诗和一系列小型叙事诗，并出版了《天蓝色》(Голубень)、《变容节》(Преображение)、《农村日课经》(Сельский часослов)等三本诗集。以革命为主题的诗歌格调在原有创作风格的基础上变得更为明快积极，充满了对光明的渴盼和对变革的信任。

当诗人发现革命并没有实现他“农夫天堂”(крестьянский рай)的幻想之后，昔日对光明的赞颂被怀疑失望的诅咒代替了，出现了“城乡对立”的主题。该主题的出现冲淡了之前的宗教式革命主题，将农业文明与工业文明的对立、传统与现代文化的冲突推至视野前端。城市在叶赛宁的艺术想象中是有着魔鬼特性的存在，它张开血盆大口，吞噬了“蓝色的罗斯”，将传统的习俗和文化破坏殆尽。为此,叶赛宁发出了悲哀的感叹,“我是乡村的最后一个诗人”。类似的情绪在《四十天的祷告》(Сорокоуст)、《庄稼汉之歌》(Песнь о хлебе)、《我是乡村最后一个诗人》(Я последний поэт деревни)等诗作中都有体现。

在经过了忧郁和彷徨之后,叶赛宁在1924—1925年间的诗作沉淀了往日的浮躁和狂热,呈现出理智而达观的品质。这一时期的作品体裁是抒情哲理诗,充满了人道主义激情和仁爱的思想,闪烁着智慧和思辨的色彩,代表作有《声名狼藉的青年时代》(Годы молодые с забубенной славой)、《我的路》(Мой путь)、《闪亮吧,我的星,切莫坠落》(Гори, звезда моя, не падай)、《再见吧,再见,我的朋友》(Прощай мой друг, прощай)等。对流逝的青春和死亡的思考,是晚期抒情哲理诗的重要主题。此时,死亡不再以诗人早期诗歌中对可望而不可即的幸福之隐喻面貌出现,而是作为尘世欢愉生活的一部分被诗人接纳,并最终融入对生命轮回、永恒时间的思考中。

爱情的主题也在叶赛宁的抒情诗中占主要地位。叶赛宁的爱情诗既继承了俄罗斯爱情诗的传统特征,又具有独特之处,如清新淡雅的口语风格、孩童般单纯率真的感情和古朴自然的民谣旋律等。在晚期爱情诗的创作中,诗人着力于刻画由爱情的浅表体验而引起的深层哲理性思考,抒发主人公经过爱情的幽暗通道抵达自身命运的情感,从而唤醒埋藏在内心深处最美好的东西。爱情诗的代表作有《蓝色的火焰升腾了》(Полыхающее голубым огнём)、《亲爱的,我们并肩坐下……》(Дорогая, сядем рядом...)、《夜晚紧敛起黑黑的眉毛》(Вечер черные брови насопил...)、《树叶飘落,树叶飘落》(Листья падают, листья падают)、《波斯抒情》(Персидские мотивы)等。

68. 浅析《黑影人》的主题思想。

长诗《黑影人》(Чёрный человек)是叶赛宁颇具争议的一部作品。作品叙述了一个生长在“普通农民之家,有着鹅黄色的头发和鸽子灰眼睛”、满脑子“美妙幻想和计划”的小男孩是怎样变成一个无法找到幸福的“可耻诗人”的。他屈服于忸怩作态、虚情假意的诱惑,无谓地消耗了自身,所以现在感到“病得非常非常厉害”。他过着一种面具下的生活,惧怕面对真实的自我,正是这种生活将他导向毁灭。

《黑影人》是诗人的一次真诚忏悔,也是一次毫不留情的自我剖析。从本质上而言,这是一次为捍卫自我而进行的宣战,因为抒情主人公最大的悲剧在于对自己现在的状态痛心疾首,因为要再回到当初那个纯洁的少年时代已不可能了。他企图以与“最令人作呕的强盗和骗子”住在一所城市里的想法自我麻痹,却无济于事;曾一度令他兴奋不已的冒险主义激情也变成了令人怀疑的逃避借口。神秘而公正的黑影人说出了主人公无法对自己说出口的话:你是一切损失的罪魁祸首。

这种将主人公的第二自我人格化(即双重人格)的艺术手法在俄国文学史上并不少见,普希金的悲剧作品《莫扎特与萨尔耶里》(Моцарт и Сальери)中就是一例(叶赛宁在20世纪20年代曾称颂普希金的这部作品并努力模仿这种写法),还有陀思妥耶夫斯基的“双重人格者”以及契诃夫的“黑衣僧侣”都属此列。然而,叶赛宁的作品或许是此类中结局最病态、最悲剧的一个:早晨的清醒也没有带来任何希望——夜晚的不速之客仍然寄宿在主人公的体内。主人公在绝望之中砸碎了预示黑影人来临的镜子,随着镜子碎裂的是有关幸福生活的幻想,无尽的低俗生活存在是恐怖的现实。

69. 茨维塔耶娃抒情诗的艺术特点是什么?

茨维塔耶娃(М. И. Цветаева)是活跃在20世纪20—40年代俄国诗坛上的一位特立独行的女诗人。说特立独行,一是指她有不畏世俗偏见的强烈个性,二是指她在创作上从不受某一诗学流派的限制,而是取各流派之所长,融合成自己独特的风格。

与女诗人富有反抗精神的个性相适应的,是她抒情诗当中始终存在的两种力量的对立和斗争,如天与地的对立、永恒与瞬间的对立、肉体与灵魂的对立、情感与理智的对立等。这种对立斗争是不以和谐统一为目标的,其存在本身就是一种目的,就这一点而言,茨维塔耶娃是俄罗斯传统诗歌的反叛者,相较于普希金、阿赫玛托娃的均衡与和谐,她的诗充满了冲突与不协调的因素。不可调和的矛盾斗争是茨维塔耶娃诗学世界观重要的组成部分,不论是她早期的爱情诗、侨居时代怀乡诗,还是她始终关注的诗人与创作的论题诗,都无一例外是以此为核心展开的。

茨维塔耶娃早期的爱情诗具有"日记体"的特征(如诗集《选自两本书》(Из двух книг,1913)),即细致描绘外部世界,通过外在的现象揭示内在的永恒本质。然而,日记的女主人公与阿赫玛托娃塑造的爱情生活女主角截然不同,与敏感多思、默默承受的后者相比,前者具有敢爱敢恨、非此即彼的极端性格,似乎随时都被一种甜蜜而绝望的激情所驱动,随时会做出惊世骇俗的举动。换而言之,茨维塔耶娃爱情抒情诗的主人公就是她本人的真实写照,这种自我剖析式的大胆曝露证明了她是一个"纯抒情诗人",这样的诗人具有不与时俯仰的高傲诗格,激越的感情是创作灵感的不绝源泉。

茨维塔耶娃经常将古代神话的原始意象引入诗歌的象征体

系，借助古老意象中所蕴含的文化历史典故激发读者的类似情感，从而凸显诗歌的悲剧性主题，如长诗《捕鼠者》（Крысолов）中就出现了被酒神诸女祭司撕碎的俄耳甫斯形象。古老与现代的碰撞还体现在女诗人将陈旧复杂词形与口语或俗语并置的尝试上，日常生活中的普通词汇与崇高语体相混杂，制造出奇异的反差和音响效果。

此外，茨维塔耶娃的诗还有着金属般铿锵有力的节奏，充满了庄重与激越的感情，具体的处理手段除了词形的对比反差之外，还有以下几种：1）复活浪漫主义传统及其特有的雄辩技法；2）运用"不正确"的移行制造紧张情绪；3）善用停顿、省略、破折号、感叹号和问号分割语流，控制节奏。

70. 20世纪二三十年代文学团体及其艺术主张述评。

20世纪20年代文学创作的风格流派是丰富多彩、多种多样的。如同存在众多的文学流派一样，20世纪20年代苏联文学中也曾存在众多的文学团体，这些团体人数有多有少，存在的时间也长短不一，有的只有三两个人，昙花一现，转瞬即逝。这种现象体现了社会变革的剧烈动荡的自由无序的状况。在这些团体中存在时间较长，对苏联文学产生过较大影响的有以下几个：

1）无产阶级文化协会（或称无产阶级文化派），Пролеткульты（или сеть Пролетарских культурно-просветительских организаций）

其1917年10月成立于彼得格勒，是一个广泛的群众性文化组织，十月革命初期规模最大的文化团体。其建立反映了无产阶级渴求文化知识的愿望，对推动苏维埃文化事业的发展起过一定作用。但是其领导人波格丹诺夫、普列特尼约夫等在"文化自治”的口号下，企图把无产阶级文化组织同苏维埃政权对立起来而把组织引向歧途。在对待文化遗产的问题上，他们鼓吹历史虚无主义，全盘否定文化遗产。

1920 年以后，这个组织逐渐衰弱，许多人纷纷退出，或加入其他团体，或成立新组织，无产阶级文化协会已名存实亡。

2）“谢拉皮翁兄弟”（1921—1926），Серапионовы братья

其成立于 1921 年 2 月的彼得格勒。

该团体得名于德国作家霍夫曼的小说《谢拉皮翁兄弟》，小说中的谢拉皮翁兄弟六人各有不同的个性，以此比喻该团体的成员各有独立的个性和主张。

这个松散性的文学团体没有具体负责人，也没有共同的文学宣言，但目的是明确的，即捍卫传统的艺术观，实现文学创作的自我价值，追求文学之于人类的普遍意义，而不是狭义的阶级意义。

其小组成员：斯洛尼姆斯基（М. Л. Слонимский）、左琴科（М. М. Зощенко）、隆茨（Л. Н. Лунц）、尼基金（Н. Н. Никитин）、费定（К. А. Федин）和诗人波隆斯卡娅（Е. Г. Полонская）、吉洪诺夫（Н. С. Тихонов）。与“谢拉皮翁兄弟”颇为接近的作家有扎米亚京（Е. И. Замятин）和什克洛夫斯基（В. Б. Шкловский）。

3）“列夫”（1922—1929），Левый фронт искусств（ЛЕФ）

“列夫”即左翼艺术战线的简称，它的前身是未来派，主要成员有马雅可夫斯基、阿谢耶夫、特列基雅科夫、克鲁乔内赫、勃里克、楚扎克等，他们也都是未来派的诗人和理论家。

“列夫”的成员在政治上积极拥护苏维埃政权，猛烈抨击资本主义旧社会的市侩生活，在艺术上勇于探索新的艺术和新的形式。“列夫”的理论家把文艺创作与物质生产、商品生产等同起来，认为文艺创作不过是把生活中的“事实”加以组合，进行“剪辑”而已，所以他们提出了诸如“生产艺术”、“事实文学”和完成“社会订货”等庸俗化的创作口号。

随着马雅可夫斯基等人先后退出“列夫”，这个团体实际上已经解体。马雅可夫斯基又于1929年另行成立了“艺术革命阵线”，简称“莱夫”。

4）构成主义者文学中心（1924—1930），Констуктивисты

该组织亦称构成派。他们的成立宣言就发表在《列夫》杂志上（1925）。构成派突出文学表达方式的“经济原则”，即诗歌要写得简短、浓缩；语言上要贯彻“定位语义学”原则，比如写贼就要用贼的黑话。按照他们的理论写出的作品深奥难懂。

其成员：谢利文斯基（И. Л. Сельвинский）、泽林斯基（К. Л. Зелинский）、英贝尔（В. М. Инбер）、阿加波夫（Б. Н. Агапов）等。

5）岗位派（1923—1925），группа “на посту”

一批参加过无产阶级文化团体的作家和诗人于1923年夏天开始出版杂志《在岗位上》，围绕这一杂志逐渐形成了“岗位派”。

他们旗帜鲜明地宣称，要在文学领域里“保卫无产阶级利益，贯彻无产阶级的路线”。他们的活动往往带有宗派主义色彩。他们以“正统”的马克思主义者自居，排斥和打击“同路人”作家以及与他们观点不同的人，像阿托、爱伦堡、马雅可夫斯基和高尔基都曾遭到他们的点名攻击。

6）山隘派，Перевал（литературная группа）

这一团体形成于1924年，后被正式定名为“全苏工农作家联合会”。其精神领袖是《红色处女地》（«Красная новь»）杂志主编、文学批评家沃隆斯基（А. К. Воронский）；其文学纲领围绕三个问题展开：1）艺术与现实的关系（最早由车尔尼雪夫斯基提出)。沃隆斯基艺术观的基础就是承认艺术的认知功能,又认为艺术是日常生活和生产的附庸;2) 关于新文化创造者的问题。《红色处女地》是一份民主杂志,艺术性与现实性是它选登作品的决定性因素。3) 关于文化遗产的问题。

山隘派在自己的宣言中强调坚持现实主义传统,并以面向未来为导向,可以用三个论题概括他们的信念——真诚、审美文化和人道主义。

其著名成员还有普里什文(М. М. Пришвин)。

7)"拉普"(1925—1932),Российская ассоциация пролетарских писателей(РАПП)

该组织的全称为"俄罗斯无产阶级作家联合会",是当时最大的一个文学团体,其前身是"十月"文学小组(成立于1922年)。

其形成历史简述如下:1920年成立全俄无产阶级作家联合会;1923年成立了莫斯科无产阶级作家联合会;1923年夏天开始出版杂志《在岗位上》,围绕这一杂志逐渐形成了"岗位派";1926年2月,"拉普"发生分裂,《在文学的岗位上》替代了《在岗位上》;1928年全俄无产阶级作家联合会改组成全苏作家联盟。

它的各种审美原则的形成是在1922年12月。该派别以所谓的波格丹诺夫的组织理论为基础,其实质可归结为:任何艺术反映的仅仅是一个阶级的经验和世界观,它对别的阶级是不适用的。

该联盟中的文学批评家有:罗多夫(С. А. Родов)、列列维奇(Г. Лелевич)、阿韦尔巴赫(Л. Л. Авербах);著名作家有:法捷耶夫(А. А. Фадеев)、富尔曼诺夫(Д. А. Фурманов)、利别金斯基(Ю. Н. Либединский)、韦肖雷(А. Весёлый)等。事实上,到20世纪20年代末30年代初,拉普已经成为苏联文学进一步发展的障碍。在这种情况下,联共中央于1932年4月作出决定,取消"拉普"

和各无产阶级文学团体,"把一切拥护苏维埃政权纲领和渴望参加社会主义建设的作家联合起来",成立"单一的苏联作家协会"。

"拉普"很大程度上是20世纪20年代文学中极左思潮的体现者。

71. 简述20世纪二三十年代的史诗性长篇小说创作。

20世纪二三十年代,一直不受关注的历史小说体裁代替了抒情诗体裁,成为俄罗斯文坛的主流,其原因主要有以下两点:一是面向历史的尝试使作家们得以避开"生产题材"和"成长题材"的小说,从而避免为迎合当时意识形态的需要而写作毫无个性的文章;二是俄罗斯这个国家所具有的深厚历史底蕴总会在关键的转折期发挥惊人的引导作用——明白了类似眼前的棘手问题其实早在几百年前就出现过之后,人们往往会对现实生活重燃希望,对待未来也不再满腹怨言。

阿·尼·托尔斯泰(А. Н. Толстой)(列夫·托尔斯泰的远亲)在这一时期创作的史诗性巨著《彼得一世》(Пётр Первый)是这一类体裁最具代表性的作品。作者运用丰富翔实的历史资料和文件,真实可信地还原出了17—18世纪之交处于历史大变革时期的俄罗斯生活画卷,塑造了一个有血有肉的核心人物形象——彼得大帝。正是这位俄国第一任沙皇,通过历时十几年的社会改革,将俄罗斯从一个落后的中世纪封建国家变为了实力雄厚的欧洲强国。小说的主题是叙述一个国家是如何在强有力的领导者的管理下实施一系列的改革并最终蜕变成为强国的。小说的主人公彼得大帝有能力解决一切问题,不论内部纷争,还是外部侵略，虽然有时候他赢得胜利的手段并不符合法律或是人道主义标准。托尔斯泰认为，国家的繁荣与昌盛是终极目的，为了达到这一目的必要的时候可以不择手段，在这一点上，他与彼得一世的看法是一致的。作品中这一思想没有直接表露，却间接地将当政者与彼得大帝相提并论，无形中提升了斯大林的威望，回应了苏联政府对于"文学反映能代表社会主义的现实"的要求。然而，任何一部借古喻今的小说，只有从真实可信的历史事件、人物性格和环境细节中取材，并巧妙地运用能勾起人们追思往昔的现代语言表述出来，才能为读者理解和接受。处于不断发展变化中的彼得一世形象以及充满矛盾和复杂心理斗争的时代画卷令《彼得一世》这部作品成为了出类拔萃的历史长篇小说，不论是对托尔斯泰同时代的读者，还是我们现当代的读者来说，都是一扇可以窥见过去的窗口。

这一时期的其他史诗性长篇小说作品，如特尼亚诺夫(Ю. Н. Тынянов)的《恰克图》(Кюхля)和《瓦古尔人穆赫塔尔之死》(Смерть Вазир-Мухтара)、恰贝金(А. П. Чапыгин)的《斯捷潘·拉辛》(Разин Степан)等，同阿·托尔斯泰的《彼得一世》一样，都具有俄罗斯传统历史小说所不具备的新特点：其一，符合社会主义现实主义文学应当"在现实的革命发展中对现实进行真实、历史、具体的描写"的要求。这是从马克思主义的辩证法角度重新评价历史人物、历史事件的尝试，即认为人民群众才是历史的创造者，个别英雄人物的影响是有限的。其二，塑造了在一系列事件中不断发展变化的人物形象，体现了环境对个人的影响，更重要的是个人对环境的改造。传统的俄罗斯历史小说多注重描写环境对人的单向改造，个人是被动的承受者，而在苏维埃时期的历史小说中，个人一方面是历史的参与者，另一方面又是各种主义和思想的创造者和检验者，具备了主动改造的能力。其三，透过同时代人的眼睛观察历史事件，从而达到由历史事件指导当代生活的目的。这一点对作家的语言能力要求很高，他们必须既能灵活地运用当下的活语言，又能精确地掌握民间方言俚语，并将两者融为一体在小说中使用。这样一来，艺术作品就获得了真实可信的效果——时代在通过不同人们的声音讲述历史。

72. 简述20世纪二三十年代的讽刺小说创作。

俄罗斯20世纪二三十年代文学进程的特点是各种创作类型和体裁的作品频繁出现，讽刺小说便是这众多文学体裁中不可忽视的一个类型。这一时期颇受读者欢迎的讽刺作家有左琴科（《日落之前》（Перед восходом солца）、《猴子奇遇记》（Приключения обезьяны）），《伊里夫与彼得罗夫》（Ильф и Перов）、《十二把椅子》（Двенадцать стульев）、《金牛犊》（Золотой телёнок）），布尔加科夫（М. А. Бугалков）（《狗心》（Собачье сердце）、《大师与玛格丽特》（Мастер и Маргарита）），奥列莎（Ю. К. Олеша）（《嫉妒》（Зависть））等。他们的作品具有鲜明的个人特色，以选取不同于传统俄国文学的视角反映了大转折时期新旧两个世界的冲突。

左琴科往往以故事的形式叙述事件，故事的主人公就是事件的叙述者。他们通常是芸芸众生中再普通不过的一员，认为自己与万恶的旧社会和资产阶级习气已彻底划清了界限，是所谓的"新人"。当然，故事主人公与作者本人是截然不同的，也正因为如此，左琴科才能尽情地施展才华，不动声色地讽刺该主人公的言行举止，甚至包括对生活的看法。

十月革命之后，旧世界遭受了巨大的冲击，一些曾经被人们侧目的新鲜玩意儿闯入了日常生活——从剧院到彩票再到澡堂，主人公一时间无法适应这种“文化冲击”，于是不可避免地落入了可笑的境地。例如，小品《美妙的文化》（Прелести культуры）中的主人公不知道在剧院看戏要脱掉外套，于是这个可怜人整场都被外套里的毛衣所折磨，大汗淋漓地耐着性子看完了不知所云的戏。这位主人公是个从未走运过的倒霉蛋，同时又是一条只能看到生活琐事的可怜虫。左琴科旨在通过对于像这位主人公一样目光短浅、缺乏爱好的人的描写，想要告诉我们的是，生活中鸡毛蒜皮的不幸事件远比世界范围内的悲剧来得重要。

作者并不是要对笔下的主人公予以审判，因为这是社会环境造成的结果，小市民阶层只是没有准备好接受他们的“社会主义”的新身份而已。尽管这些主人公很乐于接受“社会主义”的新身份，但过于低下的文化层次和过于粗陋的思维方式阻碍了这一权利的实现。在嘲笑小人物的“大要求”的同时，读者往往很难体会到作者充满悲剧性的论调。左琴科认为，最关键的问题在于，新时代的“主人翁”除了这些小市民外再无别人，“文化的真空地带”正在一点一点蚕食整个社会，这些可笑的主人公就是它的牺牲品，并且受害的人们还远不止这些。正如20世纪20年代末左琴科评价自己作品时所说的，“它们并不是幽默小品。……我不是为了博人们一笑而写作，我并不觉得哪里好笑，这或许是我作品的特点。”

73. 简述《大师和玛格丽特》的思想内涵和艺术特色。

《大师和玛格丽特》（Мастер и Маргарита）这部长篇小说是

布尔加科夫的巅峰之作。作者在书中将各种文学体裁巧妙地糅杂，并通过小说结构和人物事件的“非常规”安排，将相对立的因子巧妙地组合在一起，创造了一个时空交错、极富建筑艺术美的文学世界。西蒙诺夫对此评价说，“布尔加科夫的创作达到了讽刺文学、幻想文学和严谨的现实主义小说的高峰”，指出了这部小说具有适应多层次读者阅读需求的特点。独特的布局结构、小说中人物布景的多重镜像关系是《大师和玛格丽特》的主要艺术特点。

独特的布局结构体现在嵌套式的叙述方法和与之相对应的不同风格的表达手段上。整部小说由两个相去甚远、却又浑然一体的故事组合而成：第一个是关于大师命运发生在现实世界的故事，第二个是大师创作出来的有关本丢·彼拉多（Понтий Пилат）的故事。这两个故事一个发生在现代的莫斯科，一个发生在遥远的古代；一个讲述的是魔鬼沃兰德及其仆从是怎样在四天内把莫斯科市民的平静生活翻了个底朝天的，一个记叙的是罗马总督在一天内经历的具有重大历史意义的事件。总的来说，这是将20世纪30年代莫斯科的生活状态浓缩在了“嵌套的故事”中，这两个处于不同时间和空间层面的故事互相补充，巧妙地接合在一起，大大扩张了小说的内部空间，深化了内涵。在描写现代莫斯科人们的生活状态时，作者使用了多种多样的荒诞表现手法：有果戈理式的疯狂实验性幻想，如群巫大会、骑扫帚的妖精等；有俄罗斯民间故事的诙谐幽默，也有谢德林式的辛辣讽刺；而在插叙有关耶舒阿的古代神话故事时，布尔加科夫反而转向平实庄重的笔调，以做梦或是他人叙述的形式展现出来。这就出现了发人深省的对立：现实的生活——荒诞的叙述；流传的神话——可靠的记载，现实和神话之间、真实与荒诞之间的界线模糊了。

人物布景的多重镜像关系是这部小说的另一个艺术特点。所谓的镜像关系,即指人物和事件在两个故事中的对应关系。大师与耶稣有相似之处,别尔里奥兹像是卡依福,阿洛依吉则对应犹大。另外,在撒旦舞会上出现的告密者、背叛者、自私自利者和刽子手都有现实世界的原型,只不过后者没有前者的魔法罢了。两个故事的发生地也是对应的(莫斯科与耶路撒冷),这是因为在莫斯科和耶路撒冷发生的事在时间上有对应(起始于星期三,结束于星期六);阿尔巴特街就像是尼日尼城,“格里鲍耶陀夫”餐厅则像大伊罗德宫;莫斯科与耶路撒冷白天的太阳都刺目耀眼,似乎要掉下火来,而晚上则夜幕深沉、明月当空,显示了一幅末日审判的图景。人物不仅仅因为相似,也因为对立而产生对应关系,如耶稣和魔鬼沃兰德的形象。如果说耶稣象征着光明,那么沃兰德就是阴影,光明在阴影的衬托下才能显现,正如沃兰德在最后一章所说的,“没有影子就没有光”。作者想要表达的是,这个世界虽以光明与善良为主导力量,但黑暗与恶也是不可避免的存在,这看似对立的两极其实是大千世界的不同组成部分。

将两个故事联接起来的是作者严肃的道德哲学思考:在与自身和他人命运密切相关的生活道路和主要价值观的选择上,个体所应承担的责任问题。人们被赋予分辨善恶的能力,这既是他们自由的保障,也是他们作为一个人活着所必须承担的责任。耶舒阿掌管光明和善的国度,却无法审判和惩罚恶;沃兰德则统领着恶的力量,却无法触及善。他们代表着世界秩序的永恒对立的两极,人们必须自己选择,在哪个半球生活以及谁将在死后审判他们。在作家的设定里,大师和玛格丽特两个正面人物同样是罪人,他们不配进入到耶舒阿的光明之国,魔鬼沃兰德也没有权力放他们走出黑暗半球。这个矛盾无法用理智解决,却可以通过仁慈来融化。当沃兰德许诺玛格丽特一个愿望时,玛格丽特没有选择释放大师,而选择了救赎可怜的罪人弗里德,可以说,玛格丽特为了一个陌生的女子牺牲了爱情。这么做的还有大师。他请求原谅彼拉多,因为后者由于他的关系遭受了良心的折磨。他们的行为本身就是善,而这足以赢得平静和幸福,哪怕这并非大师写作的初衷;哪怕这平静不是在现世,而是在永恒的彼世。

74.《不祥的蛋》和《狗心》的哲学意蕴是什么?

中篇小说《不祥的蛋》和《狗心》是布尔加科夫 20 世纪 20 年代最重要的作品。这两篇小说有一个共同的主题,即探讨科学进步和革命性实验对宗教道德的冲击以及造成的毁灭性结果。

在《狗心》中,普列奥勃拉仁斯基(Преображенский)教授(他的名字在俄语中意为“改造者”)是资产阶级知识分子的典型,一场风险很大的优生学实验的主持者,这很容易让人联想到列宁领导的社会全面改造实验。两者都很冒险,一旦失控,结果都是毁灭性的。而事实上,结果确实是令人担忧的——带有狗心的“人”沙里克夫(Шариков)最终不堪教化,仍旧作恶多端,教授不得不再施手术,还其本来面目。布尔加科夫认为,对作恶多端的人本不该进行什么改造手术,如果革命的目的在于让原始野蛮的人们翻身做主人,那么革命本身就是一个巨大的错误。在这一意义上,《狗心》可以说是对俄国革命的拒绝和否定。《不祥的蛋》则内涵更广,动物学家佩尔西科夫教授筹划的一次实验,到了愚昧无知和急功近利的人手上便有可能演变成一场全人类的灾难。80 年前布尔加科夫就触及了这样的题材,足可说明他是一位具有社会责任感和远见卓识的作家。

然而，作家并非仅仅意在通过这两部作品表达对革命和科技“后遗症”的担忧，他真正关注的是新时代流行的信仰缺失和道德沦丧的现象，并且这一现象已经蔓延到了知识分子阶层。《不祥的蛋》中所提及的波及全国的繁殖灾难，也可以看做是作者深恶痛绝的精神亵渎，这种疾病不仅感染了普通百姓，也感染了广大的知识分子基层和不少的大学者，使得整个俄国处于深度的恐慌状态。这种精神亵渎的学名叫——无神论，换而言之，就是信仰缺失。信仰缺失远非无害，它最大的害处在于给了不顾后果的革命和其他一些社会犯罪行为充足的理由。正如被布尔加科夫视为前辈的大作家陀思妥耶夫斯基所说，“如果没有上帝，人们便开始恣意妄为”，尤其是在科技进步将道德选择摆在世人面前时，信仰缺失所造成的选择失误将会使整个人类陷入危险的境地。在《狗心》中作者竭力反对不从道德准则出发的“人为进化”，普列奥勃拉仁斯基教授虽然将狗改造成了人，却徒有人的生理特征，缺少人的自律精神和道德品质，这很明显是一次失败的改造。布尔加科夫想借此说明，人类的道德基准是上帝赋予的品质，特殊环境造就的“新人”，如果缺失这一品质就不能称之为“人”，哪怕他也具有人的外形。小说中的教授及时修正了错误，将祸害人间的沙里科夫又打回了狗形，但现实是残酷的，我们既无法重做实验，也无法挽回结局。

通过这两部作品，布尔加科夫一针见血地指出，知识分子阶层的苦果是由他们自己埋下的，正是因为他们无法准确了解人民大众的心理和动机、无法完成引导人民走上正确道路的历史使命才导致了这一最终结果。

75. 简析《静静的顿河》中的格里高利·麦列霍夫形象。

在小说《静静的顿河》(Тихий Дон)中,情节发展的线路和现实的历史事件紧紧交织在一起,向我们展示了一幅恢弘磅礴的历史画卷,并且整个小说的情节、结构都围绕一个中心展开,即主人公格里高利·麦列霍夫(Григорий Мелехов)的命运。

格里高利性格特征的核心是其矛盾的二重性,这种二重性与陀思妥耶夫斯基笔下某些小人物的双重人格是大有区别的:后者仿佛是一枚硬币的两面,只要有一面显露,另一面必然隐退;而前者则好比磁极的两端,两股相反的力量同时作用在中心人物的身上,企图将他的灵魂占为已有,正是从此处掀起了人物悲剧的飓风。

这种性格的二重性体现在多个方面,如格里高利集典型哥萨克人的优点和缺点于一身(既热情奔放、同情弱者,又自私守旧、冷酷无情);在爱情方面既具有敏感多情的浪漫主义特质,又畏首畏尾、不能彻底突破传统观念的束缚,最终造成了两个女人的悲剧;在战场上他像任何一个血气方刚的哥萨克人一样英勇杀敌,却始终不明白这血腥杀戮背后的意义——时不时如潮水般涌来的对荣耀的陶醉感和自我满足感淹没了他那匆匆掠过的对战斗意义的恐慌。然而,矛盾二重性在格里高利性格中最致命的体现,或者说,导致其命运悲剧的交接点在于:在穿越过形形色色的战场和阵营之后,格里高利仍旧我行我素,不承认那些压抑他人性和道德的所谓"政治军事规则"。格里高利一方面非常珍视哥萨克的荣誉,另一方面又在至高的神龛中放入自己做人的准则,当两方发生冲突的时候,他选择舍弃前者。这就是为什么当格里高利在搏斗中杀死第一个奥地利士兵之后会遭受良心的谴责而痛苦不堪,他不再相信自己,死亡的主题也由此展开。在此之后,死亡便如同一个恶魔紧紧跟随着我们的主人公,它不止使敌人丧命,也带走了格里高利至亲至爱的人——他的双亲和爱人。曾经强壮、勇敢的哥萨克人沦为了历史洪流中微不足道的一粒尘埃。然而,也正是因为他人性中那些向往和谐友爱的最本质因子,才促使他为了寻找真理徘徊在各个阵营之间:他是小说中唯一一个试图修复人与人之间破碎关系网的人,并且拒绝将人们划分为各种相互对立的派系,却在此过程中一次次碰壁,不断地和白军、布尔什维克以及革命的哥萨克发生冲突,被贴上了"背叛者"的标签。列宁曾经说过,农民一半是私有者,一半是劳动者,他的特点就是动摇。然而,格里高利动摇的原因却远不止如此。作者借格里高利之口对这个问题作出了尝试性的回答——"生活走错了路,或许这里也有我的错"。他想要读者思考的是单个的人在社会历史洪流中的位置问题,即凭借一己之力究竟能对人民的生活产生多大程度的影响,以及这种影响与社会历史漩涡对个人的作用力是否对等?格里高利所体现出来的矛盾性正是永恒的人民生活的史诗因素与暂时的、转瞬即逝的个人经历两者之间的冲突,这赋予了该作品的主人公以悲剧英雄主义色彩,给读者留下了难以磨灭的印象。

76.《一个人的遭遇》的社会意义与文学价值是什么?

《一个人的遭遇》(Судьба человека)创作于1956年,正值苏联国内社会政治生活中的"解冻"时期。小说触碰了一个在苏联长期被禁的话题——战俘的命运。

小说的主人公安德烈·索科洛夫(Андрей Соколов)是一名普通的集体农庄成员,过着幸福宁静的生活,他拥有体贴的妻子、可爱的孩子、温馨的小屋。然而突如其来的战争将这一切都摧毁了。为了抗击法西斯侵略者,安德烈抛下妻儿,毅然奔赴战场。主人公在前线遭遇了可怕的生死考验,在往前线运送弹药时,他的军车被击中,成了战俘,被送往德国集中营服苦役。安德烈无法忍受囚徒的生活,中途试图逃跑,却被抓了回来。肖洛霍夫通过整个情节的发展强调,沦为俘虏并非安德烈个人的过错。他没有背叛自己的信仰,顽强地忍受了集中营里所有的折磨,他的英勇行为甚至令德军司令都肃然起敬。被俘的两年给安德烈留下了不可治愈的精神伤疤,他从未感到人的尊严。即使德军赏赐了他面包和猪油,他也觉得自己是只被施舍食物的狗。长期的俘虏生活让他养成了说话时将脑袋缩在肩旁的习惯——深怕挨耳光。然而对于安德烈最致命的打击并非来自集中营,而是当他挣脱囚笼后得知妻子和女儿都死于德军的空袭,自己亲手建造的房子也被炸毁,只剩下巨大的弹坑。丧失亲人的痛苦几乎将他击垮,他时常会想起当初在车站粗暴地推开送别的妻子的那一幕,甚至将家人的死亡看作是自己的罪过。在前线战斗的大儿子安纳多利(Анатолий)成了安德烈唯一的精神支柱,然而在攻克柏林的当天他也牺牲了。战争无情地吞噬了安德烈生命中最珍贵的一切,他的精神彻底崩溃了。战后,他在邻村重操旧业,当起了司机,失去生活目标后开始了酗酒。然而命运并没有将安德烈逼上绝路,在战争中失去父母的小男孩瓦纽什卡(Ванюшка)成为他生命的希望。他们组建了新的家庭,两颗孤独的心灵互相慰藉取暖。安德烈时常在深夜思念自己的妻儿,瓦纽什卡也时而回忆自己的父亲,还经常问安德烈一些看似幼稚却又难以回答的问题。

安德烈是真正的爱国勇士，他拥有真实的强大的内心世界、崇高的精神理想、不屈不挠的信念。即使在集中营被饥饿和沉重的体力活折磨得虚弱不堪，安德烈仍然能够坚守自己的人格尊严，至死拒绝法西斯的食物。当德国人用面包奖励他不屈的自尊时，他立刻分给了受饿的狱友。肖洛霍夫用这一情节再次证明了安德烈的道德情操。安德烈是自己祖国真正的儿子，任何悲剧都不能将其打倒，他象征着整个民族的力量、英勇和坚韧。

卫国战争结束后，苏联国内对曾经沦为战俘的士兵怀有很深的偏见。当然，战俘中间有懦夫和变节者。然而绝大多数的士兵被俘后，仍保留了崇高的气节，历经艰难险阻重回祖国怀抱。肖洛霍夫的《一个人的遭遇》正是要为这群受辱英雄平反，他的作品不表现英勇胜利，而表现战俘受难，真实地揭露了战争对人的摧残，再现了充满艰辛、痛苦和眼泪的生活。小说《一个人的遭遇》在文学艺术性上可能远不及《静静的顿河》，然而它在特殊的年代呼唤人道主义同情，仅从这点来说，就具有不凡的社会意义。

77. 简析《日瓦戈医生》中的拉拉形象。

拉拉（Лара）是《日瓦戈医生》（Доктор Живаго）中最动人的女性形象，她美丽端庄、向往自由和爱情、具有极强的自我牺牲精神，“是世界上最纯洁的生命”。她继承了俄罗斯经典文学中美好女性形象的传统，然而与达吉亚娜、伊莲娜·英沙罗娃、娜塔莎·罗斯托娃相比，她的命运更加坎坷，多灾多难。

科马洛夫斯基（Комаровский）是拉拉苦难的开始。父爱的缺失、母亲的轻佻以及青春期的幼稚和好奇，都使得拉拉难以抗拒这个老奸巨猾的莫斯科律师的诱惑，她逐渐沦为科马洛夫斯基的奴隶。拉拉觉得自己是个堕落的女人，终日忍受着肉体和灵魂的双重折磨，陷入痛苦和悔恨的深渊。她极力挣脱科马洛夫斯基的牢笼，于是开始反抗卑贱的命运。她在聚会上对科马洛夫斯基开的一枪，显示了她对被奴役命运的反抗，对自由和纯洁爱情的渴望。她在童年伙伴巴维尔·安季波夫（Павел Антипов）身上看到了救赎的希望，她将与巴维尔的结合看作是彻底摆脱科马洛夫斯基、医治内心创伤的良方，“如果你爱我，不愿看到我毁灭的话，那咱们就赶快结婚吧”。婚后的拉拉以为，终于可以抬起头过上幸福的生活了，然而她和巴维尔无法在心灵上相通，更谈不上自由地生活。究其原因还是两人根本不了解对方，婚姻基础也不是爱情。巴维尔最终抛弃了家庭，去战场上寻求自我，拉拉最美好、最光明的希望也随之破灭。然而她并没有丧失生活的勇气，随即奔赴前线去当护士。在战地医院她邂逅尤里·日瓦戈（Юрий Живаго），两人顿生爱的情愫。尤里有独立的人格、自由的个性、不断追求精神的独立。他与拉拉虽然在家庭背景和人生经历上有很大差异，但内心世界是完全相通的。只有在尤里身上，拉拉才找到了真正的理解和支持，感受到了从未体验到的自由和无忧无虑。在尤里亚金诺的一段岁月，两人都体会到了生命的终极幸福，感受到了永恒的自由。拉拉给予尤里无尽的支持，她就像多年前尤里隔窗看到的那支蜡烛一样，燃烧自己，给予他光芒。对于尤里而言，拉拉是女性美的化身，是理想的化身，她身上充满了历经苦难后散发出的美。

拉拉的命运始终和那个动荡的时代紧密相连。她少女时的沉沦、不幸的婚姻、与尤里的诀别以及最后悲惨的结局，都离不开她所处的时代。作者借安季波夫之口说出了拉拉悲剧的原因：“时代的所有主题，它的全部眼泪和怨恨，它的任何觉醒和它所积蓄的全部仇恨和骄傲，都刻画在她的脸和她的姿态上。”这样看来，拉拉身上集中了俄罗斯所有的苦难，她就是俄罗斯母亲的象征。也有人认为，拉拉象征了变化莫测的人生，不可预测，充满坎坷，蕴含着悲伤与喜悦、苦痛与幸福。还有人认为拉拉象征了爱情或“女神”，各种苦难丝毫不能折损她的美，只会让她变得更加光辉。总而言之，拉拉这一形象最终在苦难中得到了永生，在精神和理想上超越了俄罗斯文学画廊中所有的女性形象。

78. 什么是社会主义现实主义？

社会主义现实主义（социалистический реализм）这个文学术语首次出现在1932年5月23日的《文学报》（«Литературная газета»）上。高尔基在1934年全苏第一次作家代表大会上对它作了进一步的阐述：“社会主义现实主义将存在视为行动，视为创造，其目的在于不断增强个人独一无二的宝贵能力，从而战胜自然力，令其自身健康而长寿地在地球上永久幸福地居住下去。”社会主义现实主义要求捍卫苏联文学的基本功能，即“研究、促成和确认新的现实”。它的主要精神正如高尔基所强调的“将存在视为行动，视为创造”，与之相对应的中心议题就是劳动和劳动的人。主人公发生了变化，群众被劳动的社会团体替代了，后者由以国家福祉为导向的共同建设事业连接起来。社会主义现实主义的基本创作方法是由高尔基在其小说《母亲》（1906）确定下来的，因此，高尔基被认为是该流派的奠基人。这一时期继承并发展了《母亲》创作中的基本原则的文学作品还有肖洛霍夫的《静静的顿河》、《一个人的遭遇》，阿·托尔斯泰的《苦难的历程》（Хождение по Мукам）三部曲、《彼得一世》Пётр Ⅰ，尼·奥斯特洛夫斯基的《钢铁是怎样炼成的》（Как Закалялась

Сталь),以及特瓦尔多夫斯基和马雅可夫斯基的诗歌作品等。

社会主义现实主义的基本思想原则有:在革命的发展中反映现实;阶级性,政党性,人民性;国家专制主义思想要求个人利益服从社会利益;塑造新型的人,即从隔离孤立的状态走向与劳动的集体和阶级相融合的人;文学必须面向群众,接近生活本身,为每个人所接受。

79. 什么是奥维奇金流派?

20世纪50年代初期,最早打破"无冲突论"的清规戒律、大胆揭露社会矛盾的是表现农村题材的特写和短篇小说。奥维奇金(В. В. Овечкин)的特写《区里的日常生活》(Районные будни)(1952)以苏联中部某个区为背景,批判了某些领导干部官僚主义严重,对农业生产一窍不通,瞎指挥,使农村经济濒临破产的境地。特写塑造了一个顽固而又冷酷的官僚主义者包尔卓夫(Борзов)的形象。表面上看,他似乎工作卖力,实际上他只会机械地执行上级指示,丝毫不关心农业生产的成败,完全无视群众的生活和利益,而只求自己的仕途顺利。这篇特写涉及农村工作和社会生活的许多敏感问题,在文学界乃至苏联社会内部都引起了强烈的反响。它尖锐泼辣的笔墨之声振聋发聩,使包尔卓夫这个名字成了官僚主义者的代名词。其次,作品还暗示了产生官僚主义的社会根源。这五篇特写以其提出社会问题的敏锐性和艺术上的巧妙安排开辟了战后苏联文学的新阶段,因此被誉为苏联文学新时期的"第一只春燕"。

奥维奇金是长期生活在农村的作家,20世纪20年代曾当过农业公社的主席、地方报社的记者,对农村的情况非常熟悉。继奥维奇金之后，特罗耶波利斯基（Г. Н. Троепольский）的《一个农艺师的札记》（Из записок агронома）、田德里亚科夫（В. Ф. Тендряков）的《阴雨天》（Ненастье）、卡里宁（А. В. Калинин）的《中等水平》（На среднем уровне）等特写和短篇小说，揭露和批判了苏联农业和集体农庄生活中的种种问题。他们的作品风格朴实、文笔简洁、笔锋犀利、政论性强，评论界往往把他们统称为“奥维奇金流派”，或是根据他们作品的暴露性特点而将其列为“批判现实主义”（Критический реализм）作家群。

这一派作家有着相同的特征：

1）敢于直面农村的现实，深刻反映生活的艰辛，塑造了性格各异、心理状态复杂的农村人物群像。

2）并不停留在揭露生活表面的矛盾现象上，而是力求对农村阴暗面的根源进行深刻的社会分析（这一点在田德里亚科夫的小说中表现最为明显：他将官僚主义描写成一张无边无形的潜网，其触角伸到了社会的每个角落，扼杀着一切生机，在客观上喊出了社会必须改革的最强音）。

3）既重视暴露社会丑恶现象，又重视道德探索，显示了农村题材文学的深化。这一势头由农村题材迅速扩展到其他生活领域，到了20世纪60年代以后，道德探索成了苏联文学的一种重要思潮。

4）大致相同的艺术风格：体裁上，他们的作品篇幅不长，以特写和中短篇小说为主要题材；形式上，常用系列式框架结构，各篇的情节互相连贯，又可以独立成篇。

80. 什么是装饰性小说？

装饰性小说（сокральная проза）兴起于20世纪的头20年，

是在象征主义世界观和先锋派艺术的影响下发展起来的。“装饰性小说”这个名称就反映了这类小说的最主要特点：它是按照诗章的规律来组织的小说文本，韵脚和节奏则起到了装饰品的作用。这种小说几乎没有情节和人物（更接近于诗歌，而非散文），特别强调表达的形式和方法。在此过程中，言语变得自具价值，由言语构成的形象的重复、主题的变奏获得了大量隐喻含义，成为文本的核心。另外，它在描述时多采用大型招贴画风格，而将心理描写排除在外，因为装饰性小说的目标在于铺陈一张绘有新世界五彩霞光的装饰画。

这种倾向时而表现为构筑文本的法则，时而表现为艺术手法，时而表现为作家的个人风格。作家安德烈·别雷被公认为在其作品中最完整、彻底体现了“装饰性”特点，因为他本身是个诗人，他笔下的散文具有诗歌化的特点，而“装饰性小说”正是诗化散文中的一个特殊类别。

这一时期，在作品中或多或少体现出“装饰性小说”倾向的代表作家有：列米佐夫、扎米亚京、高尔基、别里尼亚克、布尔加科夫、列昂诺夫、维·伊万诺夫等。

81. 什么是反乌托邦小说？

20世纪出现的反乌托邦小说（роман-антиутопия）对传统乌托邦文学所定义的“幸福”提出了强烈的质疑。反乌托邦是相对于乌托邦而言的，两者存在一定程度的相关性。乌托邦与反乌托邦小说皆描写秩序井然的社会，但乌托邦小说的作者是以热情的口吻，叙述对乌托邦的向往；反乌托邦小说的作者则以冷漠的态度，表达对乌托邦的怀疑。乌托邦强调整体的利益，反乌托邦则关注个人的特质。乌托邦的实现仰赖两个条件：科学技术的发达与极权统治，反乌托邦小说作者则认为，实现乌托邦的代价是牺牲人性——高科技生活使人类失去感情，失去历史感；极权统治则剥夺个人的思绪。因此，反乌托邦小说的主旨在于探讨科技发达加上井井有条的社会是否真的是人类苦苦追寻的天堂？

乌托邦小说作家认为，个人就像机器里的小螺丝钉，虽然毫不起眼，但有其存在的价值；反乌托邦小说作者则认为，每一个个体都有其独特的感情与思想，不应一概而论。反乌托邦小说对于乌托邦小说只重视大我而忽略小我的情况作了犀利的讽刺。扎米亚京《我们》（Мы）中的人物没有自己的姓名，他们以字母加上数字互相称呼，甚至连爱情也都是按照号码顺序事先安排好的。而在普拉东诺夫（А. П. Платонов）的《基坑》（Котлован）中，人们打着建立新生活的旗号举起屠刀，想要消灭所有他们认为阻碍了前进道路的“坏人”，也就是说，人被粗暴地分为两类：思想一致的“好人”和难服管束的“坏人”，且前者的数量大大超过后者。

乌托邦的建构基于强有力的领导，反乌托邦小说则着眼于过于强大的领导权力是否会导致极权政治与个人独裁。在反乌托邦小说中，独裁者为营造祥和安宁的社会气氛以及个人的崇高形象，往往对人民施予思想控制与改造。《我们》中以一项“大手术”进行思想改造：“但这并不是各位的罪，而是各位的病。这种病的名称叫做——想象力！……只要接受 X 光的三次灼烧，各位的想象力病就可以治愈——而且具有永久效果！”《基坑》里人们所使用的语言全部是冷冰冰的口号式标语，这再一次证明了他们根本没有独立思考的能力，只会机械地重复从收音机里听到的指示，甚至从未怀疑过其宣扬的公平公正和人道主义是否真实。

个人自由是现代主义的时代特征，在现代主义浪潮下兴起的反乌托邦小说凸显了人类对自由的渴望。作者将自由思想寄托给一个与情节主要场景相对立的世界(《我们》中“绿墙”之外的世界)，在那里虽然没有良好的社会秩序，没有高科技带来的便利，但人们拥有自我。尼古拉斯·波蒂亚耶夫有一句名言:“乌托邦似乎比我们过去所想象的更容易达到了。而事实上，我们发现自己正面临着另一个痛苦的问题: 如何去避免它的最终实现?”这句话明确地道出了反乌托邦小说的中心思想。

82. 什么是“响派”(大声疾呼派)诗歌?

“解冻”(оттепель)时期是俄罗斯诗歌的复苏期和繁荣期。随着一大批才华卓越的诗人纷纷登上诗坛，人们对诗歌的兴趣也与日俱增。莫斯科和列宁格勒等地的体育场、博物馆、剧院和音乐厅经常举办诗歌晚会，而且总是座无虚席。诗集一经上市旋即就被一抢而空。大型文学期刊和各种文集辟给诗歌的版面明显增加。创办了一年一度的“诗歌节”，并出版了同名诗歌丛刊。诗坛上出现了“大声疾呼”(громкая поэзия)和“悄声细语”(тихая лирика)两个主要流派。前者的代表是叶甫图申科(Е. А. Евтушенко)、沃兹涅先斯基(А. А. Вознесенский)、罗日杰斯特文斯基(Р. И. Рождественский)和女诗人阿赫玛杜琳娜(Б. А. Ахмадулина)，后者的代表是索科洛夫(В. П. Соколов)、日古林(А. В. Жигулин)和鲁勃佐夫(Н. М. Рубцов)。

“响派”诗歌得名于它可以在公众场合被大声朗诵的特质，诗人在舞台上逐字逐句地念诵诗歌，其受群众欢迎的程度不亚于当年马雅可夫斯基的表演。而这一派诗人的风格本身就和马雅可夫斯基非常接近——灼热的激情、鲜明大胆的比喻、多变的词法和铿锵的节奏。除此以外,他们的诗歌中也反映了新世界的现实情况和科学技术的进步,这一切都为人类的进步提供了无限的可能。

早期的“响派”诗歌与其说是文学作品,不如说是中心思想鲜明的政论性诗歌,其道德说教意义一目了然。然而,到了后来,“响派”诗歌逐渐摆脱了公式化的套路,摸索到了属于自己的风格。这类诗歌的抒情主人公都非常相像:平凡普通的人,并且他所经历的就是整个时代的青年人所经历的。他总是来自某个偏远的外省小镇,在战火纷飞中度过了童年,就是在现在,如果把他混入一群人中,便很难再将他挑出来。正是这样一类人,他们有着异常激烈而富有戏剧性的内心世界,他们的灵魂每天都在承受复杂痛苦的折磨,这正是苏联社会每天上演的矛盾冲突的内在反映。总的说来,他与社会、祖国和时代有着无比亲近的血缘关系,当然,这是一种患难与共的平等关系。

难能可贵的是,抒情主人公并非一味地渴望旁人的理解和关怀却计较付出,他对于周遭的问题十分敏感,同情每个人的遭遇,并且对遇到的“平凡人”身上的闪光点欣赏不已。这在叶甫图申科诗歌的主人公身上体现得最为明显,总是能在最平凡、最不引人注目的人或物身上发掘出独特而崇高的美。他的这一创作特点在《这个世上没有无趣的人》(Людей неинтересных в мире нет)的诗中清楚表达了出来。除此之外,这类主人公如此深切地同情受苦的人们,以至于他仿佛能切身感受到这种痛苦——这也是所有“响派”诗人的共同天赋所在。如此一来,诗人就达到了双重的效果:既使得抒情主人公与时代同呼吸共命运,又使得诗歌极富感情和表现力。

“响派”诗歌最主要的功绩在于，它教会了成千上万的民众不要冷漠地对待人类的痛苦，对小人物不寻常命运的关注和对整个世界困境的思考。更为重要的是，“响派”诗歌并不是用公式化的语言给人民灌输教条的思想和空洞的口号，而是用抒情主体丰富的个人经历作为鲜明的例子来感化教育民众。

这一派诗歌的风格也值得一提，与传统的社会主义现实主义风格相比，它又重新恢复了诗歌在句法、语言和韵律方面的优势。有的时候，诗歌中由形象引起的联想过于复杂和艺术化，而诗人也过于急切地试图让听众惊奇、震撼，这些都不可取；但这样的诗歌却是“解冻”时期所需要的，即唤起想象、打破陈规的诗歌可以挑战苏联时代民众的定式思维。

“响派”诗歌的黄金时代并不长久，到了20世纪70年代便逐渐销声匿迹了。其原因与文学自身的发展并无多大关系，因为这个时候人们终于明白，所谓的“解冻”并不是春天来临的前兆，而自由和人道主义精神取决于权力划定的范围。于是，对共产主义理想的信念开始动摇了，这对于“响派”诗人本身也是一个沉重的打击，一方面是自己的信仰遭受重创，另一方面是民众不再相信他们的号召和豪言壮语。“响派”诗歌作为一个文学流派就这样衰落了，虽然每一个诗人都还在继续创作，但他们的鼎盛时期已经一去不复返了。

83. 什么是“静派”（悄声细语派）诗歌？

“静派”诗人与“响派”诗人差不多同时登上诗坛，但成名晚了差不多十年。

从名称上我们就可以看出这两派诗人的不同之处，确实，

"静派"诗人的审美观到价值观等一系列观点都与"响派"诗人相对立。在对社会改革的梦想破灭之后，诗人们将注意力转向了回归民间文化、恢复道德传统的方面，因此"静派"诗人的作品完全是另外一个风格。他们的抒情诗在处世态度上更接近田园牧歌，充满了传统象征意义上的形象，用朴素的语言对读者娓娓道来。鲁勃佐夫是被人们公认的最有才华的诗人。他的《我宁静的家乡》(Тихая моя родина)、《田野之星》(Звезда полей)等作品，包含着对故乡农村田野的无尽留恋，这一切都成为诗人永恒的精神寄托。鲁勃佐夫最大的贡献在于，在这个全社会都为政治疯狂、为现实烦恼的时代，他却为读者呈现了一片不受时间侵蚀的净土，也正因为如此，这片净土才成了生命的源头、永恒的家园。继鲁勃佐夫之后，这一派中出现的具有代表性的诗人有索科洛夫、鲁勃佐夫、日古林等，他们的创作风格部分继承了鲁勃佐夫，但又有自身的发挥，在他们身上可以看出20世纪20年代新农民诗歌的遗风，后者以克柳耶夫和克雷奇科夫为代表；并且也受到费特、丘特切夫和叶赛宁的影响。他们大多拒绝长篇叙事和政论体裁，而青睐于传统抒情诗创作。他们的作品中经常出现充满宗教色彩的大自然、对旧式农民生活的回忆、对民间故事和民间传说的痴迷等，这在苏联文学中是不多见的。当然，这派诗人的作品后来也遭到一些非议，认为题材过于局限，主题不够深刻，视野不够开阔，形式过于保守。

84. 简析《玛特辽娜的家》中的女主人公形象。

索尔仁尼琴于1963年在《新世界》(《Новый мир》)杂志上

发表著名的短篇小说《玛特辽娜的家》(Матрёнин двор),小说原名《无义者不成村》(Село не стоит без праведника),一直被认为是索氏最具感染力的代表作。小说舍弃了《伊万·杰尼索维奇的一天》(Один день Ивана Денисовича)所承载的强烈政治使命,记述一位俄罗斯乡下穷苦善良的普通农妇的生与死。作品不仅在思想上呼应了19世纪俄罗斯文学最典型最有力的人道主义传统,更开启了苏联"乡村小说"(деревенская проза)呈现沉重而深刻的俄罗斯民族品格的滥觞。

小说女主人公玛特辽娜是俄罗斯中部乡下一位平凡的村妇,年轻时,她爱上同村青年法杰伊(Фаддей)。然而法杰伊上了一战的战场之后就没了音信。玛特辽娜无奈之下嫁给了法杰伊的弟弟叶菲姆(Ефим)。最终,法杰伊回到了家乡,此时的玛特辽娜已经成了弟媳。玛特辽娜平和地接受了现实,与叶菲姆生活在一起,前后生了六个孩子,却都最终夭折。二战之火燃起,叶菲姆也上了战场,并被战争吞没。孤苦的玛特辽娜收养了法杰伊的女儿奇拉(Кира),并将她抚养成人。长大了的奇拉离开村子嫁到了镇上。玛特辽娜将自己的屋子让给了奇拉。奇拉一家在父亲法杰伊的带领下拆掉了半边屋子,整理成了木料运走。玛特辽娜前前后后操持帮忙,并在运输过程中遭遇横祸,惨死于火车轮下。索尔仁尼琴在故事的主线中穿插了很多动人的细节,以揭示玛特辽娜善良勤劳的品格:她大半辈子为公社干活,却从没积攒过"工分";左邻右舍有任何大活小活都吆喝她帮忙,她从来都欣然前往,比主人还干得尽心;她生活得非常清苦,又时常被病痛折磨,但只要一劳动起来,她就心情舒展,为别人地里的收成欢天喜地…… 这个普通村妇活得如此踏实、单纯,将周围人的自私、麻木与贪婪衬托得如此明显。作者还特别强调,即使在这种毫无指望和幸福可言的生活中，玛特辽娜总能找到欢乐。也正因为此，她的惨死显得尤为触目惊心，带有明显的“受难”的象征色彩。

可以认为，《玛特辽娜的家》是一篇具有强烈宗教思想的作品。有宗教人士认为，索尔仁尼琴笔下的玛特辽娜是一个典型的西欧式的信徒——既传统、谦和，又在人格上非常独立，整部小说就是一本当代圣徒传。事实上，玛特辽娜身上所体现的几乎逆来顺受的谦恭是基督教所宣扬的经典品质，她的独立精神来源于她与土地的深厚关系。人与土地、与土地所承载的文化的关系是索氏之后苏联异常强大的乡村小说的基本主题之一。《玛特辽娜的家》在苏联正式挑起了这一话题，为后来拉斯普京和别洛夫反复探究探讨俄罗斯人的本土思想开了一个大胆的头，这一传统一直延续至今。还有一点，即索尔仁尼琴对主人公玛特辽娜的定性，使《玛特辽娜的家》显得突出。他在小说的结尾称玛特辽娜为“义者”（праведник）。在这之前的俄罗斯文学中，玛特辽娜这样的具有明显“小人物”色彩的形象还从来没被抬到过这样的一个高度。不仅如此，作者还认为，倘若没有这样的“义者”，不仅是村落，“恐怕是城市，乃至我们这个地球都无法支撑下去”。小人物的“小”反而变成他们卓越品质的体现，他们不仅不“小”，甚至顶天立地。无疑，“义者”是个典型的宗教式的词，词的本意指的是遵守教规的虔诚信徒。不过，索尔仁尼琴在这篇小说里并没有直接阐明他的宗教立场，也并未将这个称呼的内涵锁定在经典教义的范围内。在他的笔下，村妇玛特辽娜的一生遵循了俄罗斯民族在宗教文化的影响下所一直尊崇的可贵品质，她平凡而动人的种种作为维系了民族与土地的血肉联系，她的看似荒谬的死对世人来说也是长鸣的警钟。

85. 索尔仁尼琴创作中的集中营主题评析。

“集中营文学”在20世纪俄罗斯文学众多流派、现象中并不特别耀眼，但其产生的背景、所涉及的内容都远远超过了文学的范畴，在20世纪中后期俄罗斯历史上产生了不小的影响。50年代中期开始，苏联社会的群众政治意识开始发生变化。意识形态上的松动给了自由思想几十年来难得的发声契机。不少在斯大林时期饱受迫害、历经牢狱灾祸和折磨的知识分子开始积极创作，将斯大林时期的政治独裁、思想及人身上的压迫以及遍布俄罗斯各地的集中营的真实面貌反映出来，其代表人物还有沙拉莫夫（В. Т. Шаламов）、日古林（А. В. Жигулин）、弗拉基莫夫（Г. Н. Владимов）等。索尔仁尼琴（А. И. Солженицын）是这个群体中成就最高、名气最大的一位。

索尔仁尼琴参加过卫国战争，获得过战争勋章。然而在战争结束的前夜，他却因在给友人的信件中激烈批评斯大林而被捕，被判八年劳改。这八年中的大部分时间他都在秘密技术研究所度过，参与保密电话系统的研制。这段艰难而奇特的经历后来被索氏写成著名的《第一圈》（В круге первом），将这个由犯人和军事俘虏为主力军的秘密研究基地的许多细节大白于天下。出狱后索尔仁尼琴患过癌，后又奇迹般痊愈。从死亡线上挣扎回来的索尔仁尼琴似乎看到了天意，按照他自己的话说，他被“神授权”替被迫害和肉体被消灭的千千万万无辜的俄罗斯人说话，见证这段残酷的历史。60年代初，索尔仁尼琴对国家的政治气候保持了高度的敏感，他被“解冻时期”的一系列信息所感染和鼓舞，完成了名为«Щ-854»的短篇小说。这篇描述劳改营一名普通犯人一天生活的小说后由《新世界》（《Новый мир》）杂志发表。杂志的主编特瓦尔多夫斯基(А. Т. Твардовский)在刊载小说时将其改名为《伊凡·杰尼索维奇的一天》(Один день Ивана Денисовича),并撰文称赞说,“意味着一个新的、独特的并且是完全成熟的巨匠进入了我们的文坛”。

《伊凡·杰尼索维奇的一天》是索尔仁尼琴最知名的作品之一。作为一位深刻的人道主义者,他将批判现实主义提到了一个空前的高度。劳改营的生活被描写得如此细致入微,以至于读者在阅读小说的时候一方面被情节里种种毫无人性的细枝末节击得麻木,另一方面又因主人公过的这种似乎是“想当然”的惨痛生活而感到不寒而栗。在主人公舒霍夫(Шухов)的身上,索尔仁尼琴加入了大量自己劳改营的生活经历与感受,他几乎用了最大的精力不厌其烦地反复描述牢狱中非人的生活环境与条件。毫无疑问,对读者来讲,这篇小说唤起的是对斯大林时期恐怖专政的生理上的极端厌恶和心理上的绝对恐惧。

“集中营文学”作品中最为著名、流传最广的无疑当属索尔仁尼琴的长篇巨制《古拉格群岛》(Архипелаг ГУЛАГ)。这是一部以现实材料为基础,结合了文学加工、哲学思考与提炼的复杂作品,作品耗时10年(1958—1968)。除了作者本身的经历与见闻,书中还汇集了200多位集中营制度受害者的叙述与证词,以及各类与之相关的文件、书信、日记等资料。索尔仁尼琴以悲悯生动的文学手法,对俄罗斯20世纪上半期极为残酷且规模宏大的集中营制度与体系作了政治与哲学上的清算。通过这部作品,他既为一条条被这一残酷制度吞没的鲜活生命竖起了纪念碑,又从民族性格和历史发展的角度对20世纪俄罗斯政治文化进行了严厉的批判。《古拉格群岛》一书影响巨大深远,不仅是一部揭露式的纪实作品,更是一部政治历史寓言书。有政论家甚至认为，索尔仁尼琴凭借这部巨作彻底颠覆了苏联的政治制度。

在索尔仁尼琴以集中营历史及生活为背景的一系列作品中，“人性”无疑是最集中的主题。其中包括两面：专制体制及其镇压机器的无人性以及灭绝人性的企图；受迫害者在经历一系列非人待遇之后对崇高精神的坚持。对于人性在俄罗斯20世纪惨痛历史中所经受的考验，索尔仁尼琴无疑有着宏大而深刻的认识。

86.《瓦西里·焦尔金》的艺术特色是什么？

抒情叙事长诗《瓦西里·焦尔金》(Василий Тёркин)是一部描写卫国战争的动人史诗。长诗通过瓦西里·焦尔金这个普通战士的形象，一方面反映了卫国战争年代苏联人民高涨的爱国热忱和英雄主义精神，另一方面透过一幅幅生动逼真的画面，步步深入地揭示了苏联的反法西斯战争由失利、受挫、经过艰苦卓绝的相持到取得最后胜利的战斗历程。

焦尔金被作者委以重任：他既是全俄罗斯人民的代表，又是苏联时期各民族地区人民的代表。然而，这并没有使得焦尔金的形象变得生硬、僵化。一方面，焦尔金集中了苏联军人的一切优秀品质，是诗人多方面观察战时生活的结晶。他的个性包括灵活机智、坚韧顽强和纯朴幽默、豁达开朗这两个方面。作为一名苏军战士，他又具有对一切负责的思想和高度的英雄主义精神，不畏艰险，勇于承担重任而不声张。焦尔金的不屈不挠和英勇果断来源于他对祖国高度的责任感，是爱国主义精神的体现。作品中反复吟咏的一节诗：“一场正义的圣战在进行。殊死的战斗不是为了荣誉，而是为了大地上的生活。”焦尔金又是内心世界极其丰富的人，他的性格当中不仅有刚毅的一面，也有软弱的一面；并且，他还是一个心思缜密、善于思考的人，他对祖国人民的命运、对人世间的各种情感都有深切的体会。

作品努力突出主人公形象的概括意义，竭力把焦尔金塑造成普通士兵的典型。长诗的副标题就叫"战士的书"，不仅写的是战士，而且是战争中最普通的兵种"步兵"。作品没有特别描绘焦尔金的外形特征，而是为了突出他作为一名战士的共性。长诗写到最后，主人公焦尔金似乎不见了。作者不是写他牺牲，而是精心安排了"焦尔金遇到焦尔金"这个情节，用意是十分深远的。焦尔金本来就是普通士兵，又融化到普通战士群体中去了。焦尔金从一个人发展到一类人、一种典型、一种象征，成了俄罗斯人民的化身。司务长还用焦尔金式的幽默说："按照条令规定，每个连队都要分配一名焦尔金。"这种种描写，都说明焦尔金是苏维埃人民民族性格的体现，是人民心目中的战士典型。

87. 什么是"解冻文学"?

"解冻文学"（"оттепель" в литературе）一般指由爱伦堡（И. Г. Эренбург）的小说《解冻》（оттепель）（1954）为发端，致力于修正之前文学作品中粉饰生活、歌功颂德、回避矛盾之倾向的文学潮流，该潮流的代表性作家呼吁以理性的、清醒的态度对待历史，对待生活。

1953 年斯大林的去世使冰封的俄罗斯政坛有了一丝融化的迹象：在 1956 年召开的苏共二十大上，赫鲁晓夫带头批判斯大林的"个人崇拜主义"（культ личности），打碎了他身为"国民之父"的理想领袖形象。这意味着自由言论的时代终于到来了。

政治气氛的缓和预示了苏联文学面临的新变化：实验文学、先锋文学等新兴文学艺术潮流涌现出来，对表达手段和形式的探索也进入了一个新阶段。就连一直居于主流地位的社会主义现实主义文学也有了新变化——不再回避复杂的问题和冲突，更多地关注个体，表达个体需求，以此满足时代的要求。

这一时期的时代精神表现为大变革来临前的朦胧预感和由这预感生发出的陶醉欣悦之情，这种感情很好地体现在了爱伦堡的小说《解冻》中。该小说的题目《解冻》形象地概括了这一时期的历史特征：因为"解冻"并不等同于春天，而只是意味着春天脚步的临近，准确地说，是指严冬过后冰雪初融的状态。

这一时期政权的交替造成了意识形态的断层，这对知识分子阶层的影响最为明显：一部分人赞成之前的社会结构和原则，他们被认为是"保守派"（охранители）；而另一些人则想要变革，这一部分人后来被称为"六十年代作家"（шестидесятники），因为正是他们构建了20世纪60年代的文化进程，尤其是创造了一种新文学，这种文学"不是滞后于生活，而是引导生活"；还有一些人组成了"根基派"（почвенники），这一派与其说是在政治观点上，不如说是在文化层面上坚持俄罗斯人民的特殊性，坚持传统的社会组织形式和价值观的正确性。

需要指出的是，这一时期的改革热望并未动摇苏联政府的权威：没有人怀疑共产主义，所有反政权和反社会的言论都被批驳为扭曲的、不正确的，且不符合伟大思想的贯彻实施。列宁的作品开始被重新重视，因为人们相信在他的著作中既体现了理想，又体现了付诸实践的行动力。列宁作为领导人的形象回到了文学作品中，并占据重要的位置，只是这一次他的特点变成了自然、人文、敏锐以及强大的承受力。总而言之，在列宁的形象中凝聚了整个国家对于理想领导人，甚至是理想人类的期望，这个形象本身成了理想的化身。

总的来说，不论所涉及的题目和所探讨的问题如何，努力获取独立、自主和真诚的特质是“解冻”时期所有具有代表性的文学潮流的共同追求。

88. 简析舒克申笔下“怪人”形象特征。

舒克申（В. М. Шукшин）是苏联“解冻”时期文坛颇有声望的一位短篇小说作家，他的创新不在于小说的形式方面，也不在于小说的体裁方面，而在于对一种文学形象新类型的塑造，即“怪人”（Чудик）形象。“怪人”的怪并不体现在他们的外貌，而是体现在他们的身份上：他们原本是农民，后来因为移居到了城市或城乡结合部，便燃起了非常想要融入城市生活的渴望，然而却发现自己陷入了一个尴尬的境地——脱离了农村生活的根基，既不属于城市，也不属于农村，处于一个中间的“灰色地带”。这类形象是以往文学史上没有过的，他们兼具生活在城市、乡村两种人的特征，却又都不完全；舒克申以其笔下的这类古怪人们的形象向读者展示了一块未经开发的土地，这块土地没有农村和城市之分，这块土地就叫“俄罗斯”。作家本人将这种境况形象地比作“一只脚在岸上，一只脚在船上”，并称其中的好处是可以通过转换视角和权衡比较更加冷静地审视这个国家。

舒克申笔下的“怪人”都是心地善良的好人，没有半点自私或嫉妒之心。从本质上而言，他们更接近于俄罗斯民间童话中的傻子伊万，后者具有劳动人民的美好品质和大智若愚的外表。作者最为欣赏他们的善良和真诚，对世界的爱和为它注入幸福的心愿以及为人民服务的意识。然而，正是他们那些乍看上去滑稽有趣的奇遇有着不为人知的辛酸起因。原因就在于，人们从未给予过这些“大孩子”真正的关注，他们要不对其讥讽嘲笑，要不则怒火中烧。在早期的创作中，舒克申相信这些矛盾终将在天真的主人公身上得到解决，因为他们是“光明的灵魂”（светлые души），而光明最终会战胜黑暗。在其创作的后期，随着矛盾的不断激化，作家不再称他的主人公为“光明的灵魂”，而叫他们“奇怪的人们”（странные люди）（该称呼第一次出现在故事《外乡客》（Залётные）中）。舒克申坚信：最大的恶是冷漠，正是在这张温床里滋生出了谎言、自私、愚昧和其他一些恶习，使得生活变得不堪忍受。《大师》（Мастер）、《委屈》（Обида）、《污蔑》（Кляуза）和《怪人》（Чудик）等一系列故事体现了上述思想。这些故事中的主人公虽然遭受了不公正的欺压和凌辱，也忍气吞声地熬了过去，但他们从未因此变为欺辱别人的人，恰恰相反，这一系列的遭遇促使他们开始了对命运的严肃思考。

另外，舒克申并非借“怪人”形象批判所有的城市人（或者并不仅仅是城市人），而是那些费尽心机想要抹掉农村痕迹、同时炫耀自己“文化身份”（культурность）的人，他甚至连“文化”这个词的含义都不见得了解得清楚。在舒克申的笔下，社会冲突通常演化为道德冲突——真诚与虚伪，善良与愚昧，鲜活的、精神丰腴的生活与媚俗的、对知识分子的错误理解之间的对立。

89. 什么是“战争小说”？简述其特点和成就。

“战争小说”，亦即“苏联军事文学”（военная литература

советского периода），是以描写 1941—1945 年苏联卫国战争事件为主体的、以爱国主义和英雄主义为主导精神的文学类属。从战争结束到 20 世纪 80 年代的 40 年间，“战争小说”的演变大体经历了三个阶段。

第一阶段从战火弥漫的年代起到 50 年代初期为止。这一阶段的作品，从创作思想上来说，是塑造为保卫社会主义祖国而浴血奋战的英雄人物形象，歌颂人民的爱国主义思想感情。作品的基调是悲喜剧结合，既写战争的残酷，又充满了乐观主义精神，如法捷耶夫的《青年近卫军》（Молодая гвардия）（1945—1951）、西蒙诺夫（К. М. Симонов）的《日日夜夜》（Дни и ночи）（1944）。在小说的结构上，有局部性和全景性两种类型同时并存。局部性结构的小说，反映的战斗场面比较狭小，情节单纯，人物不多，场面集中，以短篇为主。肖洛霍夫的短篇《学会恨》（Наука ненависти）、别克（А. А. Бек）的中篇《恐惧与无畏》（Волоколамское шоссе，中译名有变通）、波列沃依（Б. Н. Полевой）的中篇《真正的人》（Повесть о настоящем человеке）、卡扎凯维奇（Э. Г. Казакевич）的中篇《星》（Звезда）等，均属此类。而全景性结构的长篇小说反映较为广阔的战争场面，多条情节线索同时展开又互为补充，人物众多，事件复杂，时代感强，如法捷耶夫的《青年近卫军》、冈察尔（О. Т. Гончар）的三部曲《旗手》（роман-трилогия «Знаменосцы»）、爱伦堡的长篇《暴风雨》（Буря）、布宾诺夫（М. С. Бубеннов）的《白桦》（Белая берёза）等。

从 50 年代中期到 60 年代，“战争小说”进入第二阶段。这一时期的军事文学呈现出复杂的情况。其主导倾向是侧重表现战争中人的命运，通过个人的遭遇来反映战争的进程，揭示个人命运和国家民族命运的一致性。在文艺界反对写“理想人物”、提倡“非英雄化”思潮的影响下，不少作品着力渲染战争的恐怖，把战争写成毁灭一切的盲目力量。英雄主义被对战争的厌恶和对死亡的恐怖所取代，士兵强烈的厌战情绪、战争初期苏方的溃不成军和斯大林指挥无能等情节，也往往被以夸张的笔调描写出来。

从60年代末期起，一批旨在宣传苏联对第二次世界大战胜利的贡献、鼓吹苏联人民军事爱国主义的作品陆续问世。“战争小说”又开始了一个新阶段，即第三阶段。英雄主义复归是这一阶段的基本特征，但英雄主义的表现形式与过去大不一样：人的价值已不单纯是对个人生命的重视和对个人幸福的追求，而与国家荣辱、民族精神、人类未来等崇高信念紧密相连；人在战争中的行为被一种理想之光照亮，又不失人性的丰富内涵。从艺术表现来看，作家们力求突破单一的模式，寻求多种多样的手段；题材的界线也得到更宽的拓展，军事主题与农业生产、当代人的生活、国际事件、历史经验等多种主题水乳交融。

90. 什么是“城市小说”？简述其特点和成就。

20世纪七八十年代，有关当代人的道德感和人性的问题在苏联文学中凸显了出来，这在特里丰诺夫（Ю. В. Трифонов）的创作中有集中的体现。其作品之所以被称为“城市小说”（городская проза），在很大程度上是为了区别于同一时期兴起的“乡村小说”（деревенская проза）。然而，“城市小说”不仅仅意味着这类小说的背景是城市生活，更说明了生活在这样一个弱肉强食、冷漠无情世界里，小说主人公在遇到困惑时无法借助旁人的力量、先辈的经验或是大自然和宇宙的启示获得答案，而只能依靠他自身。主人公生活在一个完全由关系网组成的世界里，而他所有能量的获得也正是凭借这些大大小小的网：或是家庭关系、朋友关系，又或者是工作关系、伴侣关系。因此，对于他们来说，任何社会危机和道德危机的解决都只有通过深刻的自我反省，通过诚实而顽强地不断评估自身与周遭环境的关系来实现。

"城市小说"的另一个特点是故事叙述者角色的转变：他不是单纯的故事讲述者，而更接近于观察者，试图与故事中的人物一起穿越由种种心理危机组成的迷宫，从而寻找到解开症结的药方，最终化解冲突。并且，与"乡村小说"相比，"城市小说"具有更加智性化、充满感伤的色彩的情感基调。

特里丰诺夫的写作风格平实含蓄、准确细腻，深受读者欢迎。自60年代后期至70年代中期，特里丰诺夫连续发表一系列描写莫斯科生活的中篇小说，如《换房》(Обмен)、《初步总结》(Предварительные итоги)、《拖了很久的分手》(Долгое прощание)、《另一种生活》(Другая жизнь)、《滨河公寓》(Дом на набережной)等，构成了"莫斯科"系列中篇小说，在文坛产生了持续而深远的影响。特里丰诺夫的小说具有两个主要的特征，一是关注平凡小人物的家庭生活，作者认为普通人所经历的一个小小的家庭风波很可能导致真正意义上的悲剧，其震撼程度不亚于全球性的历史事件；二是人物的多面性，作家笔下的人物并没有好坏之分，有的只是各种不同价值观的冲突和在突发状况面前不同的选择，而所有的选择又都涉及道德品质。正如作家曾经说过的，"必须时刻做出选择：需要解决什么，需要克服什么，需要牺牲什么。累了么？没关系，你可以去别的地方喘口气。但在这儿，生活就是战争，没有停歇之时。"

91. 什么是“乡村小说”？简述其特点和成就。

苏联文学史界爱用“农村散文”（деревенская проза）这个术语来表达我们通常所说的乡土文学。“散文”在俄语中不是现代汉语所指的一种文学体裁，而是非诗体文学、非韵文作品的统称，包括长、中、短篇小说，特写，报道，纪实性作品等。这与我国古代文学把不押韵、不重排偶的经传史书概称为散文的文学分类相类似。

乡村是“俄罗斯文明的发源地”，那里保有较多的历史文化遗迹与文化道德传统，农民身上较多地体现了俄罗斯民族性的特点。研究农村就是研究俄罗斯历史，继承发展民族优良文化传统关系到俄罗斯的前途与命运。在刻画俄罗斯农民性格时作家提出这种性格渊源，提出人与土地、人与劳动、人与自然的关系等问题。乡村散文因此蕴含丰富历史内容与人生哲理，反映了作家对于俄罗斯的深沉思考。

在经历了20世纪20—30年代的集体农庄散文、50年代奥维奇金流派的特写小说、60年代大规模的史诗性长篇这几个发展阶段之后，60年代中期以来的农村散文又以新的风貌引起了文学界和全社会的强烈关注：这就是以抒情的笔调描写农村的古老风情和泥土芳香，挖掘千百年来形成的人民精神道德财富的根，揭示人民性格的本源。这种趋势一直发展到80年代，成为苏联农村散文的一种基本创作风格。乡村小说在50年代成为核心题材，在70—80年代繁荣起来，如果说五六十年代的乡村小说作家试图揭露农村的困苦生活、抨击集体农庄代表的官僚主义、表达对农民深切的人道主义感情，那么七八十年代的作家为自己树立的目标是：展示乡村居民丰富的内心世界，展示他们的劳动、多灾多难的命运和对于生活乐观积极的态度；挖掘他们内心深处的困苦和挫折，同时也揭示农村因为落后的生产技术和老旧的观念而逐渐退化的事实。

新的主题通过各种形式展现在读者面前。首先，该主题推出了特写这一体裁，因为特写的鲜活事例、细致观察和纪事特性可以强化主题的真实性和现实性。特写又具有政论体的特征，即不属于纯文学体裁，因此它要求作家直白浅显地表达主题思想，而不是将思想包裹在形象化的比喻中。“解冻”文学的一个重要口号就是不加掩饰的真实，而特写的形式正好是这一号召的完美体现——难怪写作《区里的日常生活》（Районые будни）的奥维奇金被认为不仅是乡村散文的开拓者，更是所有新文学流派的领路人。

其次，对于大多数写作有关农村生活和农村问题的作家来说，这个主题实在过于私人化，过于敏感，总是挑动人们最脆弱的神经，所以在这个主题下他们经常使用日记的体裁。他们成功地将纪实文学与深刻的感受、真诚的内心思想相结合，从而唤起读者的信任和共鸣，同时也没有剥夺日记主人公表达鲜明立场的权利。代表作是特罗耶波尔斯基（Г. Н. Троепольский）的《一个农艺师的札记》（Из записок агронома），他用讽刺幽默的笔调描写农村，挖苦和嘲弄农村的欺诈行为、愚昧落后和官僚习气，同时也表现农民的善良。

“乡村”小说的另外一些代表人物及其代表作有：阿勃拉莫夫（Ф. А. Абрамов）的反映俄罗斯北方人民生活的四部曲《兄弟姐妹》（Братья и сёстры）、《两冬三夏》（Две зимы и три лета）、《道路与交叉路口》（Пути-переиутья）、《家》（Дом）；莫扎耶夫（Б. А. Можаев）的《费奥多尔·库兹金生活片段》（Из жизни

Фёдора Кузькина)、《农夫和农妇》(Мужики и бабы),后者与肖洛霍夫的《处女地》不同,是从集体化的牺牲者而非实施者和胜利者的角度来看待改革的;利秋金(В. В. Личутин)则注意收集民间口头文学素材,善于反映人的内心世界,他的代表作有《明亮的正房》(Белая горница)、《寡妇纽拉》(Вдова Нюра)。

92. 试析《告别马焦拉》的主题思想。

《告别马焦拉》(Прощание с Матёрой)写安加拉河中一个叫马焦拉的小岛因修建水电站而被淹没的故事。马焦拉岛上住着几十户人家,他们祖祖辈辈生活在这里,不但有自己的房屋田园,还有自己的历史传统和风俗习惯,而这一切都与这个小岛本身有着不可分割的联系。当地政府动员村民搬迁,并在离此不远的城镇给他们安排了住房,但围绕搬还是不搬的问题,村民中间展开了激烈的争论。

其实,马焦拉是一个浓缩的象征——俄罗斯的亚特兰蒂斯岛。如同这个传说中沉没海底岛屿一样,随着马焦拉岛沉没的是整个文明,是过去的乡村生活传统——无论是其外在的审美表现,还是其内在的精神基础。

这部小说就像拉斯普京(В. Г. Распутин)的其他小说一样,主要事件发生于一户人家或一个家族中,只不过这里的家族在一个更加广阔的层面上展现出来,是俄罗斯现代生活的缩影。村中最老的老太婆达丽雅(Дарья)坚决反对搬迁,而她的孙子安德烈与她的观点刚好相反。达丽雅是小说的核心形象,她整个一生都与自己的村子分不开。她认为生命的意义就在于保护和继承前辈的传统。在达丽雅这个形象中,拉斯普京深化了他在《最后的期限》(Последний срок)里赋予女主人公安娜(Анна)的美好品质。拉斯普京后来委以老一辈女性人物以保卫道德传统的重任,其塑造的女性形象在他的一部部小说中变得更加智慧和坚定,与安娜的不同之处在于,她们不只是为周遭的不幸而感到身负重任,更难能可贵的是,她们随时准备好为自己的正义而奋起斗争,并试图将迷途的青年人拉回正道上来。

而达丽雅的子孙们却是“迷失的一代”:他们中的一些人选择了《最后的期限》中米哈伊尔(Михаил)的道路,一条路走到黑,变成了有着毁灭性人格的破坏者——只会搞破坏,并且搞起破坏来既无目的性又残忍可怕;另外一些人或早早离开了村庄,或是留下了,但始终没有感受到与其世代生活的土地的血肉联系,不知道自己在生活中的位置,甚至没有找到哪怕一点生存的意义。

安德烈(Андрей)的弱点在于,他不想思考,很容易受到别种信仰的教唆和指使。他根本没有自己的想法,也没有指望自己能想出点什么来,心安理得地靠着别人过活。但拉斯普京的目的并不在于苛责安德烈的肤浅和心急——毕竟他还太年轻,没有达丽雅的阅历和她看待问题的睿智、深度(就连达丽雅在和他争论的时候也从没责怪他这一点)。达丽雅只是想唤醒安德烈的责任心,因为他对当下发生的一切都或多或少负有责任,拉斯普京一面支持女主人公的做法,一面提出了另外一个更重要的可以被定义为“权威问题”的问题。毫无疑问的,该问题不仅需要在个人和单个家庭层面上解决,更需要在大范围的政策法规层面上解决。作为一个作家和政论家,拉斯普京指出,如果所有的益处、进步和现代化会挤压并最终遮蔽一个人的精神层面,那么这些益处、进步和现代化还不如没有。

为什么达丽雅和马焦拉的其他老人坚决反对放弃这块“没有益处”的土地呢？首先，在旧日的乡村墓地里沉睡着他们的祖先。祖先的坟墓不仅是对亲人的纪念，更是古老传统的最重要、最严格的象征。在死人面前的羞愧比在活人面前更加折磨人，这是因为在先人的注视下人们会尤其深刻地意识到自己的责任，即以先人的事迹感化教育孩子们，保护家族荣誉感，不让祖辈传下的信任之线断开。其次，达丽雅是借由作者的眼睛在看马焦拉，她哭泣也是因为这个生她养她的地方即将成为一个消失的世界，随之消失的还有古老的文明。如果对于安德烈来说，马焦拉是一块没什么作用的土地的话，那么对于老太婆达丽雅来说这就是一块会呼吸、有生命的土地。

在对马焦拉的叙述中我们不难发现古代俄罗斯神话中有关世界秩序的回音——拉斯普京同意民间传说的看法，即世界的中心是一棵“落叶松之王”的树，它有永远不会被毁坏的超自然力量，既不会被锯断，也不会被烧死。这个神话意象很快便具有了文学意味——这棵树便象征着俄罗斯精神，它用自己的根牢牢抓住土壤，努力地向天空伸展枝桠。作者借由达丽雅之口道出了这一点：“真理保存在记忆里。没有记忆的人，也就没有生命。”

93. 简析《活着，并要记住》中的“逃兵”形象。

“逃兵”是苏联文学很少触碰的一个话题，因其独特的政治性，长期以来处于文学的禁区。然而在纪念伟大卫国战争胜利三十周年之际，拉斯普京以此为题材创作了小说《活着，并要记住》（Живи и помни），拷问了战争、人性与责任之间的关系。

小说讲述了卫国战争时期一个逃兵的“罪与罚”的故事。主人公安德烈·古西科夫(Андрей Гуськов)在前线多次与死神擦肩而过,死亡的恐惧和思乡的痛苦促使他在战争尾声当了逃兵。他的意外归来将妻子纳斯焦娜(Настёна)的命运推向了绝路。她强忍罪责感,冒着风险与丈夫相会。然而不幸的事发生了,她怀孕了,还被村里人看出了破绽。走投无路的纳斯焦娜带着极度的羞愧与绝望投河自尽,安德烈却又逃走了。

安德烈的性格很复杂,有着近乎病态的灵魂,他与常人的思维方式完全不同。所有士兵上前线时都带着对故乡的不舍之情,而他却带着愤怒和恐惧,尤其以第一种感情最为致命。他不认为是战争迫使他离家,反而责怪是小村庄的一切害得他上战场。他甚至怨恨家乡对他的死活漠不关心。安德烈在战争开始前只察觉到了受折磨的"我",他以为众人皆欢乐,而"我"却孤僻独处。安德烈对周围的人、对家乡和社会极为不满,并下意识地疏远了它们。这种畸形的情感也为他后来的开小差埋下了伏笔。

安德烈缺乏刚强的性格,他时常为自己可能失去生命而感到恐惧。他经历过许多激烈战役,负过伤,赢得了前线官兵的尊重,本来已经克服了对死亡的恐惧,但随着战争接近尾声,加上再次负重伤,他的求生欲更加强烈,对死亡的恐惧感也骤然加深。在新西伯利亚的军医院时,他完全相信部队会放他回家看看。然而事与愿违,部队又召他奔赴前线。军队的命令使他离家乡更远,离死亡又近了一步。"他害怕去前线",然而比害怕更强烈的是怨愤,强烈的心理落差又导致他对周围所有人和环境产生了怨恨。他索性卸下了身上的一切责任,跳上回乡的火车,将一切都归于命运的安排,"是命运催我回来的,都是命运安排好的"。他对自己的行为没有自责,反而要和世界、周围的人算总账。

安德烈最致命的罪就是近乎动物性的自私，他的内心包裹着一个完全自私的“我”，只要能活下去，可以不惜一切代价。这也直接导致了他的社会责任感不强，他凭自己的意志离开集体，将自己置于祖国和人民的对立面。他的自私性不仅体现在对祖国，也体现在对妻子的态度上。他明明可预见自己的行为会让妻子陷于绝境，却无限度地放任自己的私欲。他看重的只是自己的生命和可以延续自己生命的孩子，当他得知纳斯焦娜怀孕后，内心一阵狂喜，还鼓励她把孩子生下来，丝毫没有考虑这会给妻子带来多大的耻辱和负担。作者还有意用道德纯洁的纳斯焦娜来反衬安德烈的自私，她觉得丈夫犯错部分也因她而起，自己也是罪人。她意识到自己的行为违背了良心，终日带着罪恶感过活，唯有结束生命才会获得解救。与其说是残酷的现实环境将她逼上绝路，不如说是良心逼迫她以死赎罪。她纵身跳入冰冷的安加拉河，也带走了古西科夫最后的希望——“血脉纪念”。

然而，作者并没有过多地指责安德烈，说到底，他也是残酷战争的牺牲品。他在最后一次作战中身负重伤，眼睁睁地看着战友的腹部被弹片击得血肉模糊，意识到战争就是惨无人道的杀人机器。他的逃跑从另一个角度来看，是对灭绝人性的战争的叛逆，是对战争摧残生命所发出的最强烈的抗议。战争也间接扭曲了安德烈的灵魂，在极度空虚和苦痛中，他学起了狼嚎，成为游离于人群之外的“孤狼”，主人公身上的孤独感是强烈的，甚至令人毛骨悚然。

拉斯普京通过安德烈这一悲剧形象反映了人的自私本性与整个民族与社会责任之间的矛盾，也谴责了战争对人的生命和灵魂的践踏和扭曲。主人公所经历的“罪与罚”发人深省。

94.《火灾》的象征含义是什么？

在《告别马焦拉》(Прощание с Матёрой)发表近十年后，拉斯普京创作了《火灾》(Пожар)。一般认为，后者是前者的续集，因为它的主人公都来自被淹没的村庄。

《火灾》讲述了这群人在城里的得与失。小说主人公伊万·彼得洛维奇·伊戈洛夫(Иван Петрович Егоров)的家乡多年前被淹了，他与许多同病相怜的人一起搬到索斯诺夫卡(Сосновка)。新家园远谈不上舒适，脏乱不堪，非城非乡，重型机械将它的风景破坏得面目全非。昔日的农民也不再种地了，疯狂贪婪地掠夺森林资源，为了短期利益，甚至不顾子孙后代的福祉。金钱成为衡量一切的标尺。人的良心和道德彻底沦丧，维持社会正常秩序靠的是强力部门的“呵斥”和“罚款”。伊戈洛夫试图反抗残酷的现实，却险些丢了性命。他虽然性格刚强、聪明善良，但在这样的环境中还是感到身心俱疲，找不到出路，“什么愿望都没有，就跟躺在坟墓里一样”。他突然明白，自己什么都改变不了，也拯救不了，所以递交了辞呈，决定离开这个地方，只求良心不再受折磨。

正当主人公郁郁寡欢的时候，突然发生了火灾。“着火了！仓库着火了！”这声音让伊戈洛夫“觉得是从他心底发出来的”。几乎全村都出动了，但是没有一个人能将大伙的力量拧成一股绳去救火。消防车被大卸八块，灭火器失效。只有少数人在救火，剩下的都在大火中寻求自己的利益，还想趁机发点小财。救火队对灭火不感兴趣，却热衷破坏，当他们听见“拆掉”的指令时，迅速抱团将墙和门锁砸烂，似乎这是他们这辈子做过的最幸福的事。当伊戈洛夫和妻子在抢救粮油时，这群破坏分子却直奔伏特加，他们将一箱箱酒接龙传出去，有的直接将瓶盖打开，就像喝自家酒一样，毫无羞耻感；有人从仓库里抢出新毡靴，还有人套上新衣服就往外面冲；村里老太婆居然也在仓库外围捡扔出来的瓶瓶罐罐；独臂的萨维里（Савелий）竟将整袋的面粉和谷物径直拖到自家澡堂；更有甚者堂而皇之地偷盗金银首饰，“所有口袋都塞满了小盒子”。火灾也暴露出仓库管理员的贪婪和狡诈，人们看到了许多紧缺商品，伊戈洛夫也为其丰富的储备大吃一惊。

在这场可怕的灾难中，世上所有的糟粕和丑恶的东西都被烧毁。而拉斯普京描述的灾难并非大火本身，而是火光照出的众生相，以及这种恬不知耻洗劫行为背后的深层社会问题。回顾在索斯诺夫卡几十年的生活，伊戈洛夫深切感到了社会道德危机的加深：酗酒成风，融洽的村社关系消失了，人们变得彼此生疏、暴躁易怒。“以前不允许的，现在都允许了，以前被认作耻辱和罪恶的勾当，现在却成了英勇高尚的行为”。火灾，从某种意义上说，象征着大自然对人们这种偏离道德和良心的生活态度的惩罚。

火灾也象征了主人公乃至整个同时代人的精神危机和灾难。大火照亮了所有的卑鄙和丑陋行为，也烧掉了主人公心中最后一丝残存的信念。他的精神状态也可以用火灾来形容，“他感到自己内心遭到了可怕的破坏——仿佛一支异国侵略军经过，所到之处被蹂躏了，毁坏了，过去的安定生活只剩下一股呛人的浓烟、几片碎砖烂瓦和奇形怪状的残骸”。作者将主人公内心的大火和现实的大火混合起来，“它们的火焰犬牙交错，同时在炽热地燃烧、沸腾”。然而，主人公精神遭受的火灾远比仓库的火灾可怕。一切商品都可以再造再购置，而一旦人对生活的希望、对善良和公平的信念被烧毁，是很难重建的。火灾后，伊戈洛夫去了远东，按照作者的想法，他再也不会回来了。

拉斯普京也借火灾从侧面谴责了一味征服自然的行为：索斯诺夫卡所有居民是从几个被淹的村庄迁过来的，水电站建起了，他们的“根”却没了；他们对新家园没有归属感，更谈不上爱。他们觉得一切都是瞬间的，所以一切行为也都是被允许的了。为了避免可能爆发的民族的“火灾”，作家号召发扬俄罗斯的传统美德，捍卫民族的根。

95. 简述苏联解体后俄罗斯文学的特点、流派及其代表人物。

苏联解体之后，俄罗斯文学走上了一条极为复杂而多样化的发展道路，各类作家的态度和立场变化交织，文学作品呈现出多元化色彩。这一时期较为明显的文学流派有新现实主义（новый реализм）、后现代主义（постмодернизм）和女性主义文学（женская проза）。

新现实主义文学坚守民族思想，特别是俄罗斯的世界观、传统俄罗斯文学的弥赛亚和教化思想。它所涵盖的作家及作品相当多，其中包括在苏联时期就已成名的马卡宁（В. С. Маканин）和皮耶楚赫（В. А. Пьецух），也包括20世纪90年代后登上文坛的巴甫洛夫（О. О. Павлов）和瓦尔拉莫夫（А. Н. Варламов）等人，经典作家如拉斯普京的《伊万的女儿，伊万的母亲》（Дочь Ивана, мать Ивана）等作品也大体可以归到这一类。马卡宁在1993和1998年分别发表小说《带水瓶的铺布桌子》（Стол, покрытый сукном, и с графином посередине）和《地下人，或当代英雄》（Андеграунд, или герой нашего времени）。两部小说在形式与内容上都呼应了19世纪俄罗斯经典文学传统。不过，从创作手法和思想来看，它们还是脱胎于苏联中后期的“城市小说”。这一题材后来被皮耶楚赫以及波波夫（В. Г. Попов）等发扬光大，成为苏联解体后俄罗斯文学中的重要部分，其中对以知识分子为代表的城市居民在国家政治与社会大变革、大动荡时期的思想转变及人生际遇的思考与描写尤为凝重而深刻。较为年轻的巴甫洛夫和瓦尔拉莫夫更是主动地将自己的创作归到写实主义的领域，他们两人在创作初期或多或少受到政治思想解放的影响，都对索尔仁尼琴的一系列揭露、反思专制政治制度的作品有极高的认同与关注。20 世纪 90 年代初期，两人都以惊人的水平亮相文坛，并在之后的 20 年表现活跃。《国家故事》（Казённая сказка）是巴甫洛夫的成名作，小说带有浓厚的幻想色彩，对人存在的意义作了深刻的艺术与哲学探索，充满诗意与同情。他的后续作品基本延续了成名作的思路，以严厉的道德批判的立场揭露苏联中后期及解体后沉重阴暗的现实，对动荡中的小人物及弱势群体的命运给予热情关注。2001 年，巴甫洛夫发表长篇小说《卡拉干达州的杰维亚金内村》（Карагандинские девятины），生动地描写了劳改营的士兵的沉重的日常生活。从 20 世纪 90 年代后期开始，巴甫洛夫还开始关注基督教信仰在俄罗斯民众间的传播，并有意识地在创作中进行宗教说教，立场趋于保守。1995 年，瓦尔拉莫夫发表成名作《生》（Рождение），以自己作为父亲的身份见证孩子出生的经历对苏联解体前后俄罗斯的社会作了相对冷静而温婉的分析。后又发表小说《傻瓜》（Лох）和《沉默的方舟》（Затонувший ковчег），与文坛的各类群体均保持一定的距离，坚持本土派（почвенник）立场。巴甫洛夫对苏联中后期“多余人”及“圣愚”式人物命运进行了充满悲悯的剖析，而瓦尔拉莫夫则批判性地认同了俄罗斯的历史信仰和本土情怀。

后现代主义是新时期俄罗斯文学中的主流，其代表人物有佩列文（В. О. Пелевин）和索罗金（В. Г. Сорокин）。1992 年，佩列文正式登上文学舞台，接连发表《奥蒙·拉》（Омон Ра）和《昆虫的生活》（Жизнь насекомых）两部长篇小说。在作品中，佩列文对苏联国家的运行体制、思想钳制政策及其公民表现进行了激烈的反乌托邦式的剖析，对进入 90 年代后人性的败坏、社会思想的迷乱彷徨极尽讽刺。1996 年发表的《恰巴耶夫与空虚》（Чапаев и пустота）以及 1999 年面世的《百事一代》（Generation П）延续了作者一贯的反讽政论的写作风格，在思想领域上大大地抖了一把书袋。其中《恰巴耶夫与空虚》更是把对苏联的政治反讽推向极致，创造了作者对抗集权的反乌托邦的文学想象空间。后现代主义文学的另一员干将是索罗金。苏联解体前，他的早期三部著名作品《标准》（Норма）、《玛丽亚的第三十次爱情》（Тридцатая любовь Марины）和《罗曼》（Роман）就已问世。1999 年，索罗金发表长篇小说《蓝色脂肪》（Голубое сало）。小说大量使用方言土语和黑话脏话，还把许多外语中的脏话搀杂在俄语之中，流露出明显的媚俗倾向和对俄罗斯文化危机的深刻反思。小说中能使人永生的强大物质"蓝色脂肪"在某种程度上也成了俄罗斯后现代主义的代名词。2006 年，《禁卫军的一天》（День опричника）问世。小说巧妙套用伊凡雷帝时期禁卫军的荒唐残酷的历史，大胆嘲讽了 20 世纪 90 年代末期以来俄罗斯越来越保守专制的政治风气。除了上述两位名家之外，波波夫（Е. С. Попов）也是后现代主义的代表人物，他在苏联解体后出版的两部小说《前夜之前夜》（Накануне накануне）和《绿色音乐家的正史》（Подлинная история «зелённых музыкантов»），借用俄罗斯经典文学命题讽刺俄罗斯现实，受到了广泛关注。

女性主义文学在当今俄罗斯文坛占有相当重要的地位，代表人物有彼得鲁舍夫斯卡娅（Л. С. Петрушевская）、乌莉茨卡娅（Л. Е. Улицкая）。彼得鲁舍夫斯卡娅在苏联中后期就已经成名，她在小说及戏剧领域均有很高成就。其作品很早就体现出对女性内心的关注，充满对女性权利的呐喊。她的两部长篇小说《黑暗时刻》（Время ночи）（1992）、《异度花园》（Номер один, или в садах других возможностей）（2004）完全走出狭义的女性主义，体现了作者对极端现实中人的生与死的沉重思考。乌利茨卡娅大器晚成，1993 年才发表第一部小说《索妮奇卡》（Сонечка）。随后又发表了《穷亲戚》（Бедные родственники）、《美狄亚和她的儿女们》（Медея и её дети）、《欢快的葬礼》（Весёлые похороны）。作者以对女性命运的体察、关注、赞美为出发点，而踏上了探寻自由、人性、信仰的道路。2006 年，乌莉茨卡娅发表长篇小说《翻译达尼埃尔·施泰因》（Даниэль Штайн, переводчик）。小说借波兰犹太人出身的以色列神父达尼埃尔的生平，对人性在信仰追求道路上的体现作了深刻描写，也对现实中信仰的包容性作了深刻探讨。同样活跃在文坛上还有另一位知名女作家托尔斯塔娅（Т. Н. Толстая）。早在 20 世纪 80 年代初期，她就开始发表系列短篇小说，凭借《索尼娅》（Соня）、《坐在金环上》（На золотом крыльце сидели）蜚声文坛。托尔斯塔娅早期的作品专注于对过往的怀念与考察，其中涉及的主题包罗万象，既有对小人物命运的赞美、对童年的追忆，也有对文学经典的再解读、对社会思潮变迁的观察与思考。2000 年，她发表了长篇小说《野猫精》（Кысь）。小说构筑了精彩的充满后现代主义色彩的政论性文本，书中虚拟的核战争后的场景是对俄罗斯当下现实的黑色预言，被认为是典型的“反乌托邦”小说，其反讽文笔充满女性主义色彩。

从苏联解体至今，俄罗斯文学仍处于“动乱时期”，关于文学艺术价值和角色的争论从未停止。新时期的俄罗斯作家没有摒弃俄罗斯文学传统，他们力求透过前人的美学经验窥见现实性。他们也尽量避免作家的专权，让作品主人公发出不同的声音，让读者自己去评判俄罗斯文学的发展轨迹。